Giovanni Ciani

Alltagstauglich

Italienisch

Die wichtigsten Sätze zum Mitreden

Hueber Verlag

Ein kostenloser MP3-Download zum Buch ist unter
www.hueber.de/audioservice erhältlich.

5.   4.   3.   Die letzten Ziffern
2021   20   19   18   17   bezeichnen Zahl und Jahr des Druckes.
Alle Drucke dieser Auflage können, da unverändert,
nebeneinander benutzt werden.
1. Auflage
© 2013 Hueber Verlag GmbH & Co. KG, 85737 Ismaning, Deutschland
Umschlaggestaltung: creative partners gmbh, München
Coverfoto: © Thinkstock / Stockbyte / Comstock Images
Co-Autor: John Stevens, Bad Münstereifel
Illustrationen: Adrian Sonnberger, www.die-illustration.de
Redaktion: Stephanie Pfeiffer, Hueber Verlag, Ismaning
Layout und Satz: Sieveking · Agentur für Kommunikation, München
Druck und Bindung: Kessler Druck + Medien GmbH & Co. KG, Bobingen
Printed in Germany
ISBN 978–3–19–307932–9

Art. 530_11205_001_03

EINFÜHRUNG

Gekonnt und sicher mitreden in vielen Alltagssituationen: Das bietet Ihnen Alltagstauglich Italienisch. Hier finden Sie zu vielen gängigen Gesprächsthemen idiomatisch richtige Wendungen, Fragen und Antworten, um eine Unterhaltung auf Italienisch leicht beginnen und flüssig fortführen zu können. Das Buch eignet sich zum Selbststudium, zur Auffrischung oder Verbesserung der Italienischkenntnisse sowie als Begleiter auf Reisen.

Einen Überblick über die behandelten Themen bieten die folgenden zwei Seiten. Jedes Hauptkapitel (A, B, C ...) enthält vier zum Thema passende Unterkapitel (1, 2, 3, 4 ...). Die Unterkapitel sind tabellarisch (Italienisch – Deutsch) aufgebaut und nehmen je eine Doppelseite ein. In der Randspalte finden Sie Hinweise zum Sprachgebrauch. Am Ende eines jeden Unterkapitels erfahren Sie unter der Rubrik „Gut zu wissen" allerhand Interessantes zu Sprache, Landeskunde und kulturellen Unterschieden.

Die wichtigsten Dos & Don'ts für ein gelungenes Gespräch (Umschlaginnenseite vorne), Hinweise zur Körpersprache (ab S. 110), eine kurze Grammatik-Übersicht zu den Personalpronomen „tu", „Lei" und „voi" und den entsprechenden Personalendungen (S. 112) sowie eine Anleitung zum Buchstabieren (Umschlaginnenseite hinten) runden das Werk ab.

Ein kostenloser MP3-Download zu allen Wendungen und Sätzen ist unter www.hueber.de/audioservice erhältlich. So können Sie die richtige Aussprache trainieren und ganz einfach unterwegs lernen und üben.

Ein paar weitere Hinweise zum Lernen mit diesem Buch:
- Das in den Beispielsätzen angegebene Personalpronomen (z. B. das höfliche „Lei") bzw. die entsprechende Personalendung ist selbstverständlich je nach Kontext austauschbar (z. B. mit „tu" oder „voi"). Eine kurze Grammatik-Hilfe hierzu finden Sie auf Seite 112.
- Die deutschen Texte stellen meistens idiomatische Entsprechungen dar und keine wortwörtlichen Übersetzungen.
- In kursiver Schrift werden alternative Begriffe bzw. Ausdrücke dargestellt.
- ♂ = männliche Form / ♀ = weibliche Form

Viel Erfolg wünschen Autor und Verlag!

A

Begrüßen, Vorstellen und Verabschieden

Die Anredeform *signorina* (Fräulein) ist in Italien nach wie vor gebräuchlich. Folgt auf *signore* der Familienname, dann entfällt das *-e*.

Buongiorno verwendet man (je nach Region) bis in den Nachmittag hinein, *buonasera* am späten Nachmittag und abends, *buonanotte* wenn man schlafen geht.

1 Il primo incontro
Die erste Begegnung

Signor / Signora / Signorina Rossi?	*Herr / Frau / Frau* Rossi?
Scusi, (per caso) Lei è il signor Rossi?	Entschuldigung, sind Sie (zufällig) Herr Rossi?
Lei è sicuramente *il signor / la signora / la signorina* Verdi.	Sie müssen *Herr / Frau / Frau* Verdi sein.
Buongiorno.	Guten Tag.
Buonasera.	Guten Abend.
Piacere di conoscerLa.	Freut mich, Sie kennenzulernen.
Che bello poterLa conoscere (finalmente) di persona.	Es ist schön, Sie (endlich) persönlich zu treffen.
♂ Benvenuto / ♀ Benvenuta in Germania.	Willkommen in Deutschland.
Io sono Francesca. Vogliamo darci del tu?	Ich bin Francesca. Wollen wir uns duzen?
Sì, con piacere, io sono Dirk.	Ja gerne, ich bin Dirk.
Grazie di essere ♂ venuto / ♀ venuta a prendermi.	Danke, dass du mich abholen kommst.
Non c'è di che. / Con piacere.	Gern (geschehen).
Il volo è andato bene?	Hatten Sie einen guten Flug?
Com'è andato il viaggio?	Wie war die Reise?
C'è stato un piccolo ritardo.	Ich wurde etwas aufgehalten.
C'è stato un problema con ...	Es gab ein Problem mit ...
È andato tutto bene.	Alles ist gut gelaufen.

Ci sono stati problemi, ma ne parliamo dopo.	Es gab Probleme, aber das erzähle ich Ihnen später.
Posso *darLe una mano / aiutarLa* a portare la valigia?	Kann ich Ihnen mit dem Koffer helfen?
Devo prendere la borsa?	Soll ich die Tasche nehmen?
Se non Le dispiace, posso portare io la valigia.	Wenn es Ihnen nichts ausmacht, kann ich den Koffer tragen.
Molto gentile da parte *Sua / tua.*	Das ist sehr nett von *Ihnen / dir.*
Grazie, molto gentile.	Danke, das ist sehr freundlich.
No, grazie. Ce la faccio da ♂ solo / ♀ sola.	Danke (nein). Ich schaffe das schon.
Vogliamo andare?	Wollen wir gehen?
Da questa parte, non è lontano.	Hier (ent)lang, es ist nicht weit.
Prendiamo un taxi.	Wir nehmen ein Taxi.
Dobbiamo prendere *il treno / la metropolitana / l'autobus.*	Wir müssen *die Bahn / die U-Bahn / den Bus* nehmen.
Ci vogliono circa … minuti.	Es sind etwa … Minuten.
Ci vuole *mezz'ora / un'ora.*	Wir brauchen *eine halbe Stunde / eine Stunde.*
La mia macchina è proprio *qui di fronte / davanti all'ingresso.*	Mein Auto steht direkt *gegenüber / vorm Eingang.*
La macchina è nel parcheggio.	Das Auto steht auf dem Parkplatz.

Le ist das indirekte, *La* (vor Vokal *L'*) ist das direkte Höflichkeitspronomen im Singular.
Vorsicht: Anders als im Deutschen folgt nach *aiutare* (helfen) ein direktes Objekt: *L'aiuto io.*

ci vuole + Substantiv im Singular = man braucht (wörtlich: es ist nötig)
ci vogliono + Substantiv im Plural = man braucht (wörtlich: es sind nötig)

Gut zu wissen!
Gerade unter jungen Leuten duzt man sich in Italien viel häufiger als in den deutschsprachigen Ländern. Mit dem informellen *Ciao* begrüßt man Leute, die man normalerweise duzen würde. Mit *buongiorno* oder *buonasera* grüßt man Personen, die man siezen würde.

A

2 Incontrarsi di nuovo
Sich wieder treffen

Auf die Frage
nach dem Befinden
antwortet man z. B.
mit den Adverbien
*bene, benissimo, non
c'è male* (ganz gut)
oder *male* (schlecht)
und nicht mit einem
Adjektiv wie z. B.
~~buono~~.

Ciao, Paolo!	Hallo Paolo!
Che bello rivederti.	Schön, dich wiederzusehen.
Anche a me fa piacere rivederti.	Es freut mich auch.
Come *va? / stai?*	Wie geht's (dir so)?
Come sta?	Wie geht es Ihnen?
Bene. / Benissimo.	*Gut. / Sehr gut.*
È un sacco (di tempo) che non ci vediamo.	Lange nicht gesehen.
Ne è passato di tempo.	Es ist schon lange her.
Da quando è che non ci vediamo?	Wie lange ist das her?
L'ultima volta è stato …	Das letzte Mal war …
Non sei ♂ cambiato / ♀ cambiata per niente.	Du hast dich überhaupt nicht verändert.
Mi sorprende che tu mi riconosca ancora.	Mich wundert's, dass du mich überhaupt noch wiedererkennst.
Ho *perso qualche capello / preso qualche chilo.*	Ich habe *ein paar Haare verloren / ein bisschen zugenommen.*
Sei ♂ dimagrito / ♀ dimagrita.	Du hast abgenommen.
Hai una pettinatura diversa.	Du trägst die Haare anders.
Ti sta bene.	Es steht dir.
Hai un bell'aspetto.	Du siehst toll aus.
Insomma sei ♂ riuscito / ♀ riuscita a trovare la strada.	Du hast also noch zu *mir / uns* gefunden.

Hai trovato il nuovo apparta-mento.	Du hast die neue Wohnung gefunden.
È stato difficile arrivare fin qui?	War's schwierig, hierher zu finden?
Che piacere rivederti!	Es ist wirklich schön, dich wiederzusehen.
Mi fa molto piacere che *tu ce l'abbia fatta / abbia funzionato.*	Ich freue mich wirklich sehr, dass *du es geschafft hast / es geklappt hat.*
Non so dirti quanto mi sei ♂ mancato / ♀ mancata.	Ich kann dir gar nicht sagen, wie sehr du mir gefehlt hast.
Ci sono novità?	Gibt's was Neues?
Sono successe tante cose.	Es hat sich viel getan.
È rimasto praticamente tutto come prima.	Es ist eigentlich alles beim Alten geblieben.
Non mi ricordo più precisa-mente quando sei ♂ stato / ♀ stata qui l'ultima volta.	Ich weiß nicht mehr genau, wann du das letzte Mal hier warst.
Come sta Francesca?	Wie geht es Francesca?
Come stanno Ugo e Ada?	Wie geht es Ugo und Ada?
Rebecca sarà (molto) con-tenta *di rivederti / di fare la tua conoscenza.*	Rebecca freut sich (sehr) darauf, dich *wiederzusehen / kennenzulernen.*
C'è una persona che non vede l'ora di conoscerti.	Es gibt jemanden, der es kaum erwarten kann, dich kennenzulernen.
Mi sembra tutto molto familiare.	Das kommt mir alles sehr bekannt vor.
È cambiato proprio tutto.	Das ist jetzt alles anders.

appartamento = Wohnung
miniappartamento bzw. *monolocale* = Appartement

Das Verb *farcela* (etwas schaffen) konjugiert sich wie *fare,* die Pronomen *ce* und *la* werden dabei dem konjugierten Verb vorangestellt. *Abbia* ist übrigens der Konjunktiv von *avere,* der hier wegen *mi fa piacere* nötig ist.

Gut zu wissen!
In Italien ist es unter guten Bekannten oder Freunden bei der Begrüßung oder der Verabschiedung üblich, sich auf die Wange zu küssen. (Bei Männern untereinander aber eher nicht.) Beim Abschied hört man oft auch die Wendung *Ci vediamo.* (Wir sehen uns.)

3 Fare le presentazioni
Sich untereinander bekannt machen

Conosce mio marito Ugo?	Kennen Sie meinen Mann Ugo?
Ha già fatto la conoscenza della mia collega Irene?	Haben Sie schon meine Kollegin Irene kennengelernt?
Conosci qualcuno qui?	Kennst du hier irgendjemanden?
Vieni, ti presento Anna.	Komm, ich stelle dir Anna vor.
Vorrei farLe conoscere Marta Verdini.	Ich möchte Sie mit Marta Verdini bekannt machen.
Le posso presentare Stefano Brambilla?	Darf ich Ihnen Stefano Brambilla vorstellen?
Questo è mio figlio Marco.	Das ist mein Sohn Marco.
Questi sono Rebecca e Luca.	Das sind Rebecca und Luca.
♂ Questo / ♀ Questa è ...	Das ist ...
... il mio compagno / la mia compagna.	*... mein Partner / meine Partnerin.*
... il mio ragazzo / la mia ragazza.	*... mein (fester) Freund / meine (feste) Freundin.*
... mio marito / mia moglie.	*... mein Mann / meine Frau.*
... mio figlio / mia figlia.	*... mein Sohn / meine Tochter.*
Le / Ti presento Antonio Esposito.	Das ist Antonio Esposito.
(Lui) / (Lei) è ...	*Er / Sie ist ...*
... un mio collega / una mia collega.	*... ein Kollege / eine Kollegin von mir.*

Zu festen Partnern sagen junge Leute *ragazzo* bzw. *ragazza*, ältere *compagno / compagna* oder (etwas veraltet) *fidanzato / fidanzata*.

Wörtlich: Ich stelle *Ihnen / dir* Antonio Esposito vor.

... il mio capo.	... mein(e) Chef(in).
... un mio caro amico / una mia cara amica.	*... ein guter Freund / eine gute Freundin* von mir.
... il nostro vicino / la nostra vicina.	*... unser Nachbar / unsere Nachbarin.*
Non ci conosciamo ancora, vero?	Wir kennen uns noch nicht, oder?
Non ci siamo già incontrati una volta?	Sind wir uns nicht schon einmal begegnet?
Posso presentarmi?	Darf ich mich vorstellen?
Ho già sentito parlare *molto / così tanto* di Lei.	Ich habe schon *viel / so viel* über Sie gehört.
Non ci siamo già sentiti al telefono?	Haben wir nicht schon miteinander telefoniert?
Ho riconosciuto subito *la Sua faccia / la Sua voce.*	*Ihr Gesicht / Ihre Stimme* kam mir gleich bekannt vor.
Sapevo che ci eravamo già ♂ visti / ♀ viste da qualche parte.	Ich wusste, dass wir uns bereits irgendwo begegnet sind.
Purtroppo ho grandi difficoltà a ricordarmi i nomi.	Leider kann ich mir Namen ganz schlecht merken.
Penso che si tratti di un equivoco.	Ich denke, hier liegt ein Missverständnis vor.
Credo che Lei mi confonda con qualcun altro.	Ich glaube, Sie verwechseln mich mit jemand anderem.
Oh, mi scusi, ma *gli / le* somiglia tantissimo.	Ach, Entschuldigung, aber Sie sehen *ihm / ihr* sehr ähnlich.

Die Form *la mia capo* ist mittlerweile auch üblich.

Nach Verben der persönlichen Meinung wie *penso (che)* oder *credo (che)* steht der Konjunktiv *(si tratti, confonda).*

Gut zu wissen!
Wenn man in Italien fremden Leuten vorgestellt wird, sagt man meistens *piacere* (angenehm). Höflicher und eleganter ist die Form *molto ♂ lieto / ♀ lieta di fare la Sua conoscenza* (sehr erfreut, Sie kennenzulernen). Jüngere Leute unter sich sagen beim Kennenlernen einfach nur *ciao* oder *salve*.

A

Begrüßen, Vorstellen und Verabschieden

Arrivederci ist neutral, *arrivederLa* förmlicher.

Abbi ist die Befehlsform (2. Person Singular) von *avere*.

4 Congedarsi
Sich verabschieden

Arrivederci. / ArrivederLa.	Auf Wiedersehen.
Ciao.	Tschüss.
A presto.	Bis bald.
Abbi cura di te!	Pass auf dich auf.
A venerdì prossimo.	Bis nächsten Freitag.
Mi ha fatto piacere rivederti.	Es war schön, dich wiederzusehen.
Mi ha fatto (molto) piacere fare la Sua conoscenza.	Es hat mich (sehr) gefreut, Sie kennenzulernen.
Mi farebbe piacere rivederLa presto.	Ich freue mich darauf, Sie bald wiederzusehen.
Spero che ci potremo rivedere presto.	Ich hoffe, wir sehen uns bald wieder.
Allora, se non prima, ci vediamo a Genova.	Wir sehen uns dann in Genua, wenn nicht früher.
Buon volo!	Guten Flug!
Spero che vada tutto bene.	Ich hoffe, dass alles gut geht.
Mandami un SMS se c'è qualche problema.	Schick mir eine SMS, wenn es irgendwelche Probleme gibt.
Dammi un colpo di telefono quando sei a casa.	Ruf kurz durch, wenn du zu Hause bist.
Fammi sapere quando arrivi.	Gib mir Bescheid, wenn du angekommen bist.
Cari / Tanti saluti a Roberto.	*Liebe / Viele* Grüße an Roberto.
Saluta Enrico da parte mia.	Grüß mir Enrico.

Saluti Sua moglie da parte mia.	Grüßen Sie Ihre Frau von mir.
Restiamo in contatto.	Lass uns in Kontakt bleiben.
Non ti dimenticare di avvisarmi quando passi di qui la prossima volta.	Vergiss nicht, mir Bescheid zu geben, wenn du wieder einmal in der Gegend bist.
C'è sempre un letto libero.	Wir haben immer ein Bett frei.
Puoi passare quando vuoi.	Du kannst jederzeit vorbeischauen.
È sempre ♂ il benvenuto / ♀ la benvenuta, Lei lo sa.	Sie sind uns immer willkommen, das wissen Sie.
Mi dispiace ma (tra poco) devo andarmene.	Es tut mir leid, aber ich muss (bald) gehen.
Adesso purtroppo devo andarmene.	Ich muss jetzt leider los.
È ora di andare.	Es wird Zeit zu gehen.
È ora di mettersi in marcia.	Es ist Zeit, dass ich mich auf den Weg mache.
Devo andarmene.	Ich muss los.
No, adesso devo proprio andare.	Nein, ich muss jetzt wirklich gehen.

Das Verb *andarsene* (weggehen) setzt sich zusammen aus *andare + se + ne*. *Andare* und das Reflexivpronomen werden an die jeweilige Person angeglichen, *ne* bleibt unverändert: *me ne vado* (ich gehe weg), *te ne vai* (du gehst weg).

Gut zu wissen!
Verlassen Sie bei Einladungen Ihre italienischen Gastgeber nicht allzu abrupt: Die Abschiedsformalitäten dauern etwas länger als in den deutschsprachigen Ländern. Vergessen Sie auch nie, sich für die gute Gastfreundschaft zu bedanken und sprechen Sie wann immer möglich auch eine Gegeneinladung aus.

5 Per favore, grazie e prego
Bitte und danke

Dem deutschen „ja bitte" oder „ja gerne" entspricht *sì, grazie* und nicht *sì, per favore* oder *sì, prego*.

Un momento, per favore.	Einen Augenblick, bitte.
Posso aiutarLa? – Sì, grazie.	Benötigen Sie Hilfe? – Ja, gern.
Lo può mettere cortesemente sul conto della mia camera?	Können Sie es bitte auf meine Zimmerrechnung setzen?
Mi potrebbe indicare la strada, per piacere?	Würden Sie mir bitte den Weg zeigen?
Potrebbe firmare qui, per cortesia?	Würden Sie bitte hier unterschreiben?
Ha qualcosa in contrario se porto *un amico / un'amica*?	Hätten Sie etwas dagegen, wenn ich *einen Freund / eine Freundin* mitbringe?
Sarebbe così gentile da spostare la Sua macchina?	Wären Sie bitte so freundlich, Ihr Auto umzuparken?
Le dispiacerebbe aspettare qui?	Würde es Ihnen etwas ausmachen, hier zu warten?
Potrei (cortesemente) pregarLa di …	Ob ich Sie wohl (freundlicherweise) darum bitten könnte, …
Grazie.	Danke.
Tante / Molte grazie.	Besten Dank.
Mille grazie.	Vielen Dank.
Grazie di cuore.	Vielen herzlichen Dank.
Gradisce ancora del caffè? – No, grazie.	Möchten Sie noch etwas Kaffee? – (Nein) danke.

Bitten werden oft mit dem Konditional ausgedrückt. Häufige Konstruktion: Modalverb im Konditional (*vorrei, potrei, …*) + Infinitiv.

Vorsicht: *Grazie* allein (ohne *no* davor), wird – anders als im Deutschen – als Zustimmung und nicht als Ablehnung verstanden.

Potrei avere ancora del caffè? – Ma certamente, prego.	Könnte ich noch etwas Kaffee haben? – Aber natürlich, bitte sehr.
Grazie. – Prego.	Danke. – Bitte.
Grazie. – *Non c'è di che. / Di niente.*	Danke. – Gern geschehen.
Grazie. – Sempre con grande piacere.	Danke. – Jederzeit gern.
Grazie. – Figurati!	Danke. – Nichts zu danken. *(Du-Form)*
Grazie. – Si figuri!	Danke. – Nichts zu danken. *(Sie-Form)*
Lei mi è ♂ stato / ♀ stata di grande aiuto.	Sie waren mir eine große Hilfe.
Molto *gentile / carino* da parte tua.	Das ist sehr *freundlich / lieb* von dir.
Ho sempre desiderato qualcosa del genere.	So etwas habe ich mir schon immer gewünscht.

„Bitte" als Antwort auf „danke" ist immer *prego,* nie ~~*per favore.*~~

Gut zu wissen!
Wenn man im Italienischen eine Person um etwas bittet, verwendet man *per favore* oder *per piacere* (noch höflicher sind *per cortesia* oder *per gentilezza*).

Grazie kennt im Italienischen viele Steigerungen: *tante grazie, grazie mille, grazie di cuore* etc.

Prego ist die Standardantwort auf *grazie,* aber auch auf *scusa* bzw. *scusi.* Und auch wenn man jemandem etwas zeigt oder anbietet, sagt man *prego.*

B

**Guter Umgang:
Bitte, danke
& Co.**

6 Chiedere scusa
Sich entschuldigen

Wörtlich: Ich bin
untröstlich.

Falsche Freunde:
irritare = ärgern
irritieren =
confondere

Chiedo scusa heißt
wörtlich „ich bitte um
Entschuldigung".
Scusa ist in diesem
Fall ein Substantiv.

Mi dispiace.	Tut mir leid.
Mi dispiace *veramente / tanto / molto / terribilmente*.	Es tut mir *wirklich / so / sehr / schrecklich* leid.
Sono ♂ desolato / ♀ desolata.	Es tut mir sehr leid.
Mi scusi, non L'avevo vista.	Entschuldigung, ich habe Sie nicht gesehen.
Non volevo *irritarLa / disturbarLa*.	Ich wollte Sie nicht *verärgern / stören*.
Scusi!	*Entschuldigen Sie. / Entschuldigung.*
Scusa!	*Entschuldige. / Entschuldigung.*
Chiedo scusa!	Entschuldigung.
Chiedo scusa per il disturbo.	Entschuldigung, dass ich störe.
Mi dispiace, ma devo proprio disturbarti.	Entschuldigung, dass ich dich stören muss.
Chiedo scusa per il ritardo.	Entschuldigung, dass ich zu spät komme.
Chiedo sinceramente scusa.	Ich bitte aufrichtig um Entschuldigung.
Mi scusi, ma non l'ho fatto apposta.	Entschuldigen Sie mich, das war keine Absicht.
Non capisco come sia potuto succedere.	Ich verstehe nicht, wie das passieren konnte.
Non sarebbe dovuto succedere.	Das hätte nie passieren dürfen.

È davvero molto imbarazzante per me.	Das ist mir wirklich sehr peinlich.
Sembra che si tratti di un equivoco.	Es scheint ein Missverständnis vorzuliegen.
Si deve trattare di un errore.	Es muss sich um einen Fehler handeln.
Qualcosa è andato storto.	Es ist etwas schief gelaufen.
C'è stato un vero e proprio caos.	Es gab ein richtiges Durcheinander.
Non sapevo che Lei avesse ospiti.	Ich wusste nicht, dass Sie Besuch haben.
Purtroppo sono ♂ stato trattenuto / ♀ stata trattenuta.	Ich bin leider aufgehalten worden.
Non La aspettavo così presto.	So früh habe ich Sie gar nicht erwartet.
Scusi. – *Non c'è di che. / Non è un problema.*	Entschuldigung. – Kein Problem.
Tutto (perfettamente) a posto.	Das ist (völlig) in Ordnung.
Non ti preoccupare!	Mach dir keine Sorgen.
Non fa niente.	Das macht doch nichts.
Non importa.	Ist doch egal.

Auf *aspettare* folgt ein direktes Objektpronomen.

Imperativ in der 2. Person Singular (du): *non* + Infinitiv

Gut zu wissen!
Wenn Sie eine Person siezen, sagen Sie *scusi* (wörtlich: Sie entschuldigen), wenn Sie eine Person duzen *scusa* (wörtlich: du entschuldigst). Es handelt sich um konjugierte Formen des Verbs *scusare* (entschuldigen).
Die Entschuldigung mit *Perdono!* (Verzeihung!) klingt mittlerweile veraltet.
Scusa bzw. *scusi* verwendet man im Italienischen nicht nur, wenn man sich für etwas entschuldigt, sondern auch in höflichen Bitten oder Fragen: *Scusi, mi sa dire dov'è Piazza Garibaldi?* (Entschuldigung, können Sie mir sagen, wo die Piazza Garibaldi ist?) *Scusi, mi potrebbe portare il menù?* (Entschuldigung, könnten Sie mir die Speisekarte bringen?)

7 Può ripetere per favore?
Können Sie das bitte wiederholen?

Parla *italiano / tedesco*?	Sprechen Sie *Italienisch / Deutsch*?
Sì, (ma purtroppo solo) un poco.	Ja, (aber leider nur) ein wenig.
(Mi) capisce?	Verstehen Sie (mich)?
Mi segue?	Können Sie mir folgen?
Capisco.	(Ich) verstehe.
Come *scusa / scusi*?	Wie bitte?
Scusa / Scusi, non capisco.	Entschuldigung, ich verstehe (das) nicht.
Purtroppo non ho capito bene (tutto).	Das habe ich leider nicht (ganz) mitbekommen.
Scusi, che cosa ha detto?	Entschuldigung, was haben Sie gesagt?
Potrebbe parlare un po' più lentamente, per favore?	Könnten Sie bitte etwas langsamer sprechen?
Potrebbe parlare più forte, per favore?	Könnten Sie bitte etwas lauter sprechen?
Potrebbe ripetere, per cortesia?	Könnten Sie das bitte wiederholen?
Scusi, può ripetere la parola?	Entschuldigung, wie war das Wort noch mal?
Me lo potrebbe scrivere, per gentilezza?	Könnten Sie es mir bitte aufschreiben?
È con una o due L?	Ist das mit einem oder zwei L?

Zum Unterschied von *scusa* und *scusi* siehe Seite 17.

L = *elle*
(siehe auch Anhang)

È una S maiuscola o minuscola?	Ist das ein großes oder kleines S?	S = *esse*
Intende / Vuole dire … ?	Wollen Sie … sagen?	
Che cosa significa …?	Was bedeutet …?	
Purtroppo non conosco la parola italiana corrispondente.	Ich kenne leider das italienische Wort dafür nicht.	
Come si dice … in italiano?	Wie heißt … auf Italienisch?	Die wichtigsten Fragewörter für ein einfaches Gespräch im Italienischen sind: *chi?* (wer?), *che cosa?* (was?), *come?* (wie?), *quando?* (wann?), *dove?* (wo? / wohin?), *perché?* (warum?)
Come si chiama questo in italiano?	Wie nennt man das auf Italienisch?	
Come dico in italiano *che / se* …?	Wie sage ich auf Italienisch, *dass / wenn* …?	
Qual è l'equivalente *italiano / tedesco*?	Wie lautet die *italienische / deutsche* Entsprechung?	
Mi può fare un esempio?	Können Sie mir ein Beispiel nennen?	
Come si pronuncia questa parola?	Wie spricht man dieses Wort aus?	
Come si scrive?	Wie schreibt man das?	
Come si fa lo spelling?	Wie buchstabiert man das?	Für „Buchstabieren" verwendet man den englischen Ausdruck *spelling*. Das italienische Alphabet hat 21 Buchstaben. Die Buchstaben *j, k, w, x, y* findet man nur in Fremdwörtern.
Scusi, credo di essermi espresso male.	Entschuldigung, ich glaube, ich habe mich falsch ausgedrückt.	
Provo a dirlo con altre parole.	Ich versuche, es anders zu sagen.	
Quello che volevo dire (in realtà) era …	Was ich (eigentlich) sagen wollte, war …	

Gut zu wissen!
Wenn man mit seinen Italienischkenntnissen am Ende ist oder die Worte fehlen, ist Kreativität gefragt: Zeichnungen, Mimik und Gestik helfen dann weiter. Italiener loben Sie auch dann, wenn Sie nur wenig Italienisch sprechen und sie reagieren auf kreative Bemühungen um die gegenseitige Verständigung immer freundlich und positiv.

8 Mantenere viva la conversazione
Gespräche in Gang halten

Beachten Sie: Die
Verneinung steht
im Italienischen –
anders als im
Deutschen – vor
dem Verb: *Non so.*
(Ich weiß nicht.)

Davvero?	Ach wirklich?
È davvero interessante.	Das ist ja interessant.
Proprio interessante.	Wie interessant.
Non lo sapevo.	Das wusste ich nicht.
Non ne ho mai sentito parlare.	Davon habe ich noch nie etwas gehört.
È proprio *magnifico / meraviglioso / fantastico / incredibile.*	Das ist ja *großartig / wunderbar / fantastisch / unglaublich.*
Non è fantastico?	Ist das nicht einfach großartig?
No, ma non mi dire!	Nein, so was!
Oh, mio Dio! / Santo cielo!	Ach du meine Güte!
Perbacco!	Donnerwetter!
Forte! / Bello! / Grande! / Mitico!	Cool!
Non so che cosa dire.	Ich weiß nicht, was ich sagen soll.
E poi che cosa è successo?	Was ist dann passiert?
Come lo ha scoperto?	Wie haben Sie es herausgefunden?
E tu (allora) che cosa hai fatto?	Was hast du (dann) gemacht?
E alla fine quando è ♂ arrivato / ♀ arrivata?	Wann sind Sie dann letztendlich angekommen?
È la prima volta che ne sento parlare.	Das höre ich zum ersten Mal.
Terribile! / Orribile!	(Wie) schrecklich!

Deve essere stato davvero difficile.	Das muss ja schwer gewesen sein.
A sentirlo sembra proprio orribile.	Das klingt ziemlich scheußlich.
Che situazione strana!	Was für eine ungewöhnliche Situation.
Non so che cosa avrei fatto.	Ich weiß nicht, was ich gemacht hätte.
Trovo sempre che ...	Ich finde immer, dass ...
Una cosa simile è successa anche a me.	So etwas ist mir auch schon mal passiert.
Una cosa del genere mi manda subito in bestia.	So etwas bringt mich immer gleich auf die Palme.
Lo so perfettamente anch'io.	Das kenne ich nur zu gut.
Com'era quella storia?	Wie war das noch einmal?
Avete davvero dovuto ...?	Musstet ihr wirklich ...?
E com'è stata la reazione?	Und wie war die Reaktion?
E lei che cosa ha *detto / fatto*?	Was hat sie denn *gesagt / getan*?
E poi è finita qui?	Und das war's dann?

Folgt auf *come* ein Verb, das mit *e* beginnt (meist Formen von *essere* wie *è, era, ...*), so kann mit einem Apostroph abgekürzt werden: *come era? = com'era?*

Gut zu wissen!
Halten Sie in Gesprächen mit Italienern direkten Blickkontakt, das zeigt Ihr Interesse am Gesprächs-partner und Thema. Sie können durchaus auch kleine Zwischenbemerkungen einschieben, denn es zeugt ebenfalls von reger Beteiligung am Gespräch. Lassen Sie hin und wieder Ihre Allgemeinbildung (Kultur, Kunst, Literatur, Kulinarik oder Sport) durchscheinen, aber ver-meiden Sie kritische Themen wie Politik und Religion.

9 Di dove sei?
Über die Herkunft
sprechen

Von vielen Städte-
namen gibt es
italienische Über-
setzungen: *Monaco
di Baviera* (München),
Colonia (Köln),
Stoccarda (Stuttgart),
Norimberga (Nürn-
berg), *Zurigo* (Zürich),
Basilea (Basel),
Vienna (Wien).

Nicht: ~~*Sono di
Germania.*~~

E Lei di dov'è?	Und woher kommen Sie?
Dove abita?	Wo sind Sie zu Hause?
Di dove è ♂ originario / ♀ originaria?	Wo kommen Sie ursprünglich her?
In quale regione è?	Welcher Landesteil ist das?
Mi faccia indovinare: Lei è inglese?	Lassen Sie mich raten: Sie sind Engländer(in)?
Per caso Lei è *napoletano / napoletana*?	Sind Sie zufällig *Neapolitaner / Neapolitanerin*?
Sono …	Ich bin aus …
… ♂ tedesco / ♀ tedesca.	… Deutschland.
… ♂ austriaco / ♀ austriaca.	… Österreich.
… ♂ svizzero / ♀ svizzera.	… der Schweiz.
Sono di una località che si chiama …	Ich bin aus einem Ort namens …
Si trova *al nord / al sud / a est / a ovest.*	Das liegt im *Norden / Süden / Osten / Westen*.
Si trova *a nord / a sud / a est / a ovest* di Colonia.	Es liegt *nördlich / südlich / östlich / westlich* von Köln.
Si trova più o meno al centro della Germania.	Es liegt so etwa in der Mitte von Deutschland.
Si trova vicino *a Berlino / alla Polonia.*	Es liegt in der Nähe von *Berlin / Polen*.
Non è molto lontano da Monaco di Baviera.	Es ist nicht weit (entfernt) von München.
Si trova *sul Reno / nella Foresta Nera / sul mare.*	Es liegt *am Rhein / im Schwarzwald / am Meer*.

Ländernamen können
im Italienischen
sowohl männlich als
auch weiblich sein:
*il Portogallo, la
Francia, la Turchia,
gli Stati Uniti, le
Filippine.*

Si trova *nel Nordreno-Vestfalia / in Baviera / in (Bassa) Sassonia.*	Es liegt in *Nordrhein-Westfalen / Bayern / (Nieder-)Sachsen.*
È un paesino minuscolo.	Es ist ein winzig kleiner Ort.
È fuori mano.	Es ist mitten im Nirgendwo.
Probabilmente non ne ha mai sentito parlare.	Sie haben wahrscheinlich nie davon gehört.
Non è esattamente l'ombelico del mondo.	Es ist nicht gerade der Mittelpunkt der Welt.
Non si preoccupi se non ne ha mai sentito parlare. Anch'io non lo conoscevo prima di trasferirmi lì.	Denken Sie sich nichts, wenn Sie nie davon gehört haben. Das hatte ich auch nicht, bis ich dahin gezogen bin!
Mi piace. Ci si vive bene.	Mir gefällt es. Dort lässt es sich gut leben.
La zona è piuttosto solitaria.	Die Gegend ist eher öde.
Ci si sente a casa propria dove si hanno amici, non è così?	Wo man Freunde hat, da fühlt man sich zu Hause, stimmts?
Sono ♂ nato / ♀ nata *a Francoforte / in Germania.*	Ich bin in *Frankfurt / in Deutschland* geboren.
Sono ♂ originario / ♀ originaria di …	Ursprünglich bin ich aus …
Mi sono ♂ trasferito / ♀ trasferita a Berna tre anni fa.	Ich bin vor drei Jahren nach Bern gezogen.
Lei è qui per la prima volta?	Sind Sie das erste Mal hier?
È il suo primo viaggio a Vienna?	Ist das Ihre erste Reise nach Wien?

Auch die meisten Bundesländer bzw. Kantone haben eine italienische Entsprechung: *Assia* (Hessen), *Turingia* (Thüringen), *Grigioni* (Graubünden), *Carinzia* (Kärnten).

Vor Städtenamen steht die Präposition *a,* vor Ländernamen die Präposition *in.*

Gut zu wissen!
Gleich im Anschluss an die Frage nach dem Namen, erkundigen sich Italiener unter sich meist woher der Gesprächspartner stammt. Regionale Unterschiede sind in Italien stark ausgeprägt und die regionale Identität wird tief empfunden. Ein Venezianer wird immer ein Venezianer bleiben, auch wenn er schon 20 Jahre in Rom lebt. Etwas wie „ich bin ein Wahlberliner" zu sagen, wäre für Italiener kaum denkbar.

10 Parlare del tempo
Über das Wetter sprechen

Bella giornata oggi, vero?	Schöner Tag heute, nicht wahr?
Oggi non è affatto una bella giornata.	Kein sehr schöner Tag heute.
Che giornata meravigliosa!	Was für ein wunderbarer Tag!
Che giornata orribile!	Was für ein schrecklicher Tag!
Oggi il tempo è più bello di ieri.	Heute ist das Wetter besser als gestern.
Fa così *caldo / freddo*.	Es ist so *heiß / kalt*.
Tira vento.	Es ist windig.
C'è nebbia.	Es ist neblig.
Questa *pioggia / nebbia* è tremenda, vero?	Dieser *Regen / Nebel* ist schrecklich, oder?
Almeno non piove.	Wenigstens regnet es nicht.
È bello rivedere il sole ogni tanto.	Es ist schön, mal wieder die Sonne zu sehen.
Di solito com'è il tempo in questa stagione?	Wie ist das Wetter in dieser Jahreszeit normalerweise?
Spesso qui è così.	Es ist oft so hier.
Non nevica molto.	Wir haben nicht viel Schnee.
L'inverno / Il freddo non mi piace per niente.	Ich mag *den Winter / die Kälte* überhaupt nicht.
Amo *la primavera / il sole*.	Ich liebe *den Frühling / die Sonne*.
Non sopporto il caldo.	Ich vertrage die Hitze nicht.

Per me è indifferente.	Mir macht das nichts aus.
C'è stata una bella gelata la notte scorsa.	Der Frost war ganz schön knackig letzte Nacht.
Ieri è diluviato.	Gestern hat es nur geschüttet.
Sole dalla mattina alla sera. Fantastico!	Sonne von morgens bis abends. Fantastisch!
Meglio / Peggio di così non potrebbe essere.	*Besser / Schlimmer* könnte es nicht sein.
Come sono le previsioni del tempo?	Wie ist die Wettervorhersage?
Dovrebbe *far bel tempo / piovere / essere nuvoloso.*	Es soll *sonnig sein / regnen / bewölkt sein.*
Si prevede neve.	Sie haben Schnee vorhergesagt.
Dovrebbe *peggiorare / far più caldo / far più freddo.*	Es soll *schlechter / wärmer / kälter* werden.
Migliorerà.	Es wird besser.
La maggior parte della giornata ci saranno pioggia e vento.	Es bleibt den größten Teil des Tages nass und windig.
Più tardi dovrebbe *rasserenarsi / rinfrescare.*	Es soll später *aufhellen / abkühlen.*
Ci sono solo tre gradi.	Es sind ja nur drei Grad.
Ci sono sei gradi sotto zero.	Es sind minus sechs Grad.
Abbiamo temperature sotto lo zero.	Wir haben Temperaturen unter dem Gefrierpunkt.
Ci sono più di 30 gradi.	Es sind über 30 Grad.

Unregelmäßige Steigerung der Adverbien *bene* (gut) und *male* (schlecht):
bene – meglio – benissimo
male – peggio – malissimo

Gut zu wissen!
Verben, die zur Beschreibung von Wetterphänomenen verwendet werden (*piovere, nevicare, grandinare* …) bilden das *passato prossimo* sowohl mit dem Hilfsverb *avere* (haben), als auch mit dem Hilfverb *essere* (sein): *ha piovuto / è piovuto* (es hat geregnet); *ha nevicato / è nevicato* (es hat geschneit); *ha grandinato / è grandinato* (es hat gehagelt).

11 Cortesie e complimenti
Nettigkeiten und Komplimente

È ...	Das ist ...
... ♂ bello / ♀ bella.	... schön.
... ♂ meraviglioso / ♀ meravigliosa.	... wunderschön.
... ♂ fantastico / ♀ fantastica.	... fantastisch.
Hai un aspetto *magnifico / splendido*.	Du siehst *großartig / sehr gut* aus.
Non sei ♂ cambiato / ♀ cambiata per niente.	Du hast dich überhaupt nicht verändert.
Ti trovo in perfetta forma come sempre.	Du bist in Topform wie immer.
Questo colore ti sta proprio bene.	Die Farbe steht dir wirklich gut.
Che splendido appartamento!	Was für eine wunderschöne Wohnung.
Che bei fiori!	Was für schöne Blumen!
Che vista meravigliosa!	Was für eine herrliche Aussicht!
In questo posto c'è un'atmosfera straordinaria.	Dieser Ort hat eine tolle Atmosphäre.
È veramente silenzioso e tranquillo.	Es ist so still und friedlich.
È pieno di vita.	Es ist voller Leben.
È ♂ delizioso / ♀ deliziosa.	Das ist köstlich.
È stata una cena straordinaria.	Das war ein tolles Abendessen.
Da tanto tempo non mangiavo così bene.	Ich habe lange nicht mehr so gut gegessen.

Achtung: Steht *bello* vor dem Substantiv, so wird es wie der bestimmte Artikel angeglichen: *bel tempo, bella casa, bell'albergo ...*

Mi devi proprio svelare il segreto della ricetta.	Du musst mir unbedingt das Rezept verraten.
È un vino fantastico.	Das ist ein toller Wein.
Parli davvero bene il tedesco.	Dein Deutsch ist wirklich gut.
Dove ha imparato a parlare così bene l'italiano?	Wo haben Sie gelernt, so gut Italienisch zu sprechen?
Mi piacerebbe sapere l'italiano così bene come te.	Ich wünschte, ich könnte so gut Italienisch wie du.
Che regalo originale!	Was für ein originelles Geschenk.
Ho sempre desiderato qualcosa del genere.	So etwas habe ich mir schon immer gewünscht.
Non era davvero necessario.	Das wäre wirklich nicht nötig gewesen.
Lei è così *gentile / disponibile*.	Sie sind so *freundlich / hilfsbereit*.
(Lei) ha fatto davvero tutto per farmi sentire come a casa mia.	Sie haben wirklich alles getan, damit ich mich wie zu Hause fühle.
Non so che cosa avrei fatto senza di te.	Ich weiß nicht, was ich ohne dich gemacht hätte.
Lei mi è ♂ stato / ♀ stata di grande aiuto.	Sie waren mir eine riesige Hilfe.
Grazie di avermi dedicato così tanto tempo.	Danke, dass *Sie sich / du dir* so viel Zeit für mich genommen *haben / hast*.

Je nach Kontext kann *sapere* „wissen" oder „können" (= eine Fähigkeit besitzen) bedeuten.

Gut zu wissen!
Über das Essen zu reden ist eine der Lieblingsbeschäftigungen der Italiener. Sparen Sie also nicht mit Komplimenten, wenn Sie eingeladen sind! Das italienische Sprichwort *A tavola non si invecchia* (Bei Tisch wird man nicht alt) verdeutlicht diese Haltung dem guten Essen und natürlich auch der guten Gesellschaft gegenüber am besten.

C

Miteinander ins Gespräch kommen

12 Flirtare
Flirten

Non ci conosciamo ancora, vero?	Wir kennen uns noch nicht, oder?
Mi sbaglio o sei ♂ nuovo / ♀ nuova qui?	Kann es sein, dass du neu hier bist?
Ha qualcosa in contrario se mi siedo accanto a Lei?	Haben Sie etwas dagegen, wenn ich mich zu Ihnen setze?
È ♂ solo / ♀ sola qui?	Sind Sie allein hier?
Spero di non disturbare, ma …	Ich hoffe, ich störe nicht, aber …
Scusi, Le posso chiedere qualcosa?	Entschuldigung, kann ich Sie etwas fragen?
Lei ha un bellissimo sorriso.	Sie haben ein wunderschönes Lächeln.
Il suo sorriso è proprio contagioso.	Sie haben eine so ansteckende Art zu lachen.
Sei molto attraente.	Du bist sehr hübsch.
Hai degli occhi meravigliosi.	Du hast wunderschöne Augen.
Credo di non aver mai incontrato nessuno che …	Ich glaube, ich bin noch nie jemandem begegnet, der …
Quali sono i tuoi interessi?	Für was interessierst du dich?
Che genere di musica ti piace?	Welche Art von Musik magst du?
Sai se ci sono dei bei locali in zona?	Weißt du, ob es hier gute Lokale gibt?
Che cosa mi può consigliare?	Was können Sie empfehlen?

Nicht wundern: Im Italienischen wird doppelt verneint, z.B. *non … nessuno* (niemand), *non … niente* (nichts), *non … mai* (nie).

Di che cosa avresti voglia?	Worauf hättest du Lust?	
La posso invitare a bere ancora qualcosa?	Darf ich Sie noch auf einen Drink einladen?	
Pensavo di andarmene fra poco.	Ich wollte bald gehen.	Zu *andarsene* siehe Kapitel 4.
Vuole già andarsene?	Sie wollen schon gehen?	
Anch'io stavo per andarmene.	Ich wollte auch gerade gehen.	
Posso farti compagnia?	Darf ich mich dir anschließen?	
Io vado nella stessa direzione.	Ich gehe in dieselbe Richtung.	
Potremmo dividere un taxi.	Wir könnten uns ein Taxi teilen.	

Mi ha fatto davvero piacere fare la Sua conoscenza.	Es war wirklich schön, Sie kennenzulernen.
Mi farebbe molto piacere rivederti.	Ich würde dich sehr gern wieder sehen.
Perché non andiamo a cena una di queste sere?	Sollen wir mal abends zusammen essen gehen?
Avresti voglia di andare a vedere questo nuovo film?	Hättest du Lust, diesen neuen Film zu sehen?
A che ora ti andrebbe bene?	Welche Uhrzeit würde dir passen?
Devo passare a prenderti?	Soll ich dich abholen?

Gut zu wissen!
Höflichkeit ist eine Zier: Um Aufforderungen und Wünsche höflich und mit dem nötigen Respekt dem Gesprächspartner gegenüber zu formulieren, verwendet man den Konditional: *mi **farebbe** molto piacere, **avresti** voglia (di)*. Und wenn man aber trotz aller Höflichkeit den Gegenüber doch loswerden möchte, helfen Sätze wie: *Non sono ♂ interessato / ♀ interessata.* (Ich bin nicht interessiert.) / *Lasciami in pace.* (Lass mich in Ruhe.) / *Vattene!* (Hau ab!) / *Non toccarmi!* (Nimm Deine Finger weg!)

13 Parlare del lavoro
Über den Beruf sprechen

Insegnante ist ein allgemeiner Begriff für Lehrer. *Maestro / Maestra* bezeichnet Lehrer an der Grundschule. Ab der *scuola media* (6. Klasse) werden Lehrer *professore / professoressa* genannt.

Wenn man die genaue Berufsbezeichnung nicht kennt, hilft eine Umschreibung der Tätigkeit mit *mi occupo di* oder *sono responsabile per*.

Die Form *stare* + Gerundium (*sto facendo*) drückt aus, dass Handlungen gerade ablaufen (Verlaufsform).

Qual è la Sua professione?	Was machen Sie beruflich?
Che lavoro fa?	Was für eine Arbeit haben Sie?
Sono *infermiere / infermiera*.	Ich bin *Krankenpfleger / Krankenschwester*.
Lavoro come insegnante.	Ich arbeite als Lehrer(in).
Sono *nel settore informatico / nell'industria chimica*.	Ich bin *in der IT-Branche / in der Chemieindustrie*.
Lavoro presso una compagnia di assicurazioni.	Ich arbeite bei einer Versicherungsgesellschaft.
Lavoro / Sono in un'impresa che si chiama …	*Ich arbeite / Ich bin* bei einem Unternehmen namens …
Sono *nel marketing / in contabilità*.	Ich bin *im Marketing / in der Buchhaltung*.
Sono responsabile per …	Ich bin verantwortlich für …
Mi occupo di …	Ich kümmere mich um …
Lavoro in proprio.	Ich bin selbstständig.
Sono libero professionista.	Ich bin freiberuflich tätig.
Ho la mia propria ditta.	Ich habe meine eigene Firma.
Lavoro *a tempo pieno / part time*.	Ich arbeite *Vollzeit / Teilzeit*.
Ho un posto part time.	Ich habe eine Teilzeitstelle.
Sto ancora facendo una formazione.	Ich bin noch in der Ausbildung.
Faccio una formazione professionale.	Ich mache eine Berufsausbildung.
Faccio uno stage presso uno studio di architettura.	Ich mache ein Praktikum bei einem Architekturbüro.

Faccio un tirocinio presso una banca.	Ich mache ein Volontariat bei einer Bank.
Sono ♂ stato disoccupato / ♀ stata disoccupata per sei mesi.	Ich war sechs Monate arbeitslos.
Sto cercando lavoro.	Ich bin auf Arbeitssuche.
Sono in pensione.	Ich bin im Ruhestand.
Sto a casa *con i bambini / e mi prendo cura di mia madre.*	Ich bin zu Hause *bei den Kindern / und pflege meine Mutter.*
Le piace il Suo lavoro?	Mögen Sie Ihre Arbeit?
È una buona ditta?	Ist es eine gute Firma?
Ci lavoro volentieri.	Ich arbeite gern dort.
È impegnativo.	Es fordert mich.
È proprio una sfida.	Es ist eine Herausforderung.
Dà molte soddisfazioni.	Es ist sehr befriedigend.
La paga naturalmente potrebbe essere migliore.	Die Bezahlung könnte natürlich besser sein.
È *piuttosto / molto* stressante.	Es ist *ziemlich / sehr* stressig.
Faccio molte ore di straordinario.	Ich mache viele Überstunden.
Troppo lavoro e troppo poco personale.	Zu viel Arbeit und nicht genug Leute.
Sono sempre in fase di ristrutturazione.	Ständig sind sie am Umstrukturieren.
C'è da ringraziare il cielo se si ha un lavoro.	Man muss dankbar sein, dass man überhaupt eine Arbeit hat.

Die berufliche Bildung erfolgt in Italien nach anderen Kriterien, als in den deutschsprachigen Ländern. Bezeichnungen wie *tirocinio* oder *stage* sind recht vage und stimmen mit den deutschen Begriffen nicht immer überein.

Im Italienischen unterscheidet man zwischen *salario* (Lohn) und *stipendio* (Gehalt). Nicht zu verwechseln mit „Stipendium", das heißt *borsa di studio*.

Gut zu wissen!
Berufsbezeichnungen haben meistens eine männliche und eine weibliche Form, z. B. *il cameriere* (Kellner) / *la cameriera* (Kellnerin); *il postino* (Briefträger) / *la postina* (Briefträgerin). Berufe mit der Endung *-ista* gelten für beide Geschlecher: *il / la giornalista* (Journalist/-in). Bei Berufen, für die es grammatikalisch nur die männliche Form gibt, wird *donna* hinzugefügt, z. B. *donna medico*.

14 Famiglia e curriculum
Familie und Werdegang

Sono ♂ nato e cresciuto / ♀ nata e cresciuta nella Germania dell'Est.	Ich bin im Osten Deutschlands geboren und aufgewachsen.
Sono ♂ andato / ♀ andata a scuola a Dresda.	Ich bin in Dresden zur Schule gegangen.
Mi sono ♂ trasferito / ♀ trasferita a Monaco di Baviera con i miei genitori.	Ich bin mit meinen Eltern nach München gezogen.
I miei genitori *si sono separati / hanno divorziato* quando avevo quattro anni.	Meine Eltern *haben sich getrennt / ließen sich scheiden*, als ich vier war.
Ho terminato la scuola a 18 anni.	Mit 18 war ich mit der Schule fertig.
(Non) ho dovuto fare il servizio militare.	Ich musste (nicht) zum Wehrdienst.
Invece del servizio militare ho fatto il servizio civile.	Ich habe statt Wehrdienst Zivildienst gemacht.
Ho una laurea in storia dell'arte.	Ich habe einen Abschluss in Kunstgeschichte.
Dopo la formazione professionale ho lavorato per due anni a Monaco di Baviera.	Nach der Berufsausbildung habe ich zwei Jahre in München gearbeitet.
Mi sono riqualificato come fisioterapista.	Ich habe auf Physiotherapeut umgeschult.
Ho cambiato posto di lavoro.	Ich habe die Stelle gewechselt.
Non ho né fratelli né sorelle.	Ich habe keine Geschwister.
La mia sorella maggiore vive negli Stati Uniti.	Meine ältere Schwester lebt in den USA.

Altersangaben werden im Italienischen mit *avere* (haben) gemacht. Also *Mario ha otto anni* und nicht ~~*Mario è otto*~~.

Fratelli bedeutet sowohl „Geschwister" als auch „Brüder": *Hai fratelli? Sì, ho due fratelli e una sorella.*

In realtà è la mia sorellastra.	Sie ist eigentlich meine Halbschwester.
Mia madre si è risposata.	Meine Mutter hat wieder geheiratet.
Ci siamo innamorati. È stato amore a prima vista.	Wir haben uns verliebt. Es war Liebe auf den ersten Blick.
(Non) siamo sposati.	Wir sind (nicht) verheiratet.
Stiamo insieme *da sei anni / dal 2012*.	Wir sind *seit sechs Jahren / seit 2012* zusammen.
Mi sono separato da Beatrice.	Ich habe mich von Beatrice getrennt.
Ci siamo separati.	Wir haben uns getrennt.
La relazione si è spezzata.	Die Beziehung ist zerbrochen.
Il matrimonio è finito.	Die Ehe ist auseinandergegangen.
La mia ex moglie / Il mio ex marito ed io andiamo ancora d'accordo.	*Meine Ex-Frau / Mein Ex-Mann* und ich verstehen uns immer noch.
Ho avuto una specie di crisi di mezza età.	Ich hatte eine Art Midlife-Crisis.
Non ho figli.	Ich habe keine Kinder.
Ho *una figlia / un figlio* (da un matrimonio precedente).	Ich habe *eine Tochter / einen Sohn* (aus einer früheren Ehe).
(Lei) / (Lui) vive con la madre.	*Sie / Er* lebt bei der Mutter.

Bambino bzw. *bambina* bezeichnet allgemein ein kleines Kind, aber nicht die leiblichen Kinder. Diese sind *figli* (bzw. *figlio / figlia*).

> **Gut zu wissen!**
> Das italienische Schulsystem ist in drei zeitlich aufeinanderfolgende Schulen unterteilt:
> *Scuola elementare* oder *Scuola primaria*: Grundschule (5 Jahre). *Scuola media* (auch *Scuola secondaria di primo grado*): Mittelschule (3 Jahre), nach der man sich für eine der folgenden drei Oberschularten entscheiden muss. *Liceo* (in etwa Gymnasium / 5 Jahre), *Istituto tecnico* (in etwa Fachoberschule / 5 Jahre) oder *Istituto professionale* (in etwa Berufsfachschule / 4 oder 5 Jahre).

15 Vita quotidiana
Alltag und Routine

Tutto va bene. C'è sempre qualcosa di nuovo.	Alles läuft gut. Es ist immer etwas los.
Sono sempre piuttosto ♂ impegnato / ♀ impegnata.	Ich bin immer ziemlich beschäftigt.
Faccio una vita piuttosto frenetica.	Ich führe ein ziemlich hektisches Leben.
Ho sempre qualcosa da fare.	Ich habe immer etwas zu tun.
Sono molto ♂ stressato / ♀ stressata.	Ich habe ziemlich viel Stress.
Riesco quasi sempre a tenere tutto (più o meno) sotto controllo.	Die meiste Zeit habe ich alles (mehr oder weniger) unter Kontrolle.
Mi alzo presto / Mi sveglio presto e vado a letto tardi.	*Ich stehe früh auf / Ich wache früh auf* und gehe spät ins Bett.
La mattina è sempre piuttosto frenetica.	Morgens geht es immer ziemlich hektisch zu.
La mattina me la prendo comoda.	Morgens lasse ich es gern langsam angehen.
Per andare al lavoro il viaggio è lungo.	Ich habe einen langen Arbeitsweg.
Per andare al lavoro mi ci vuole un'ora e mezza.	Ich brauche anderthalb Stunden zur Arbeit.
Porto i bambini all'asilo.	Ich bringe die Kinder in den Kindergarten.
Parto presto da casa per evitare il traffico.	Ich fahre früh von zu Hause los, um den Verkehr zu vermeiden.

Vorsicht! „Aufstehen" (*alzarsi*) und „aufwachen" (*svegliarsi*) sind im Italienischen reflexive Verben.

Der Kindergarten (für Kinder von 3 bis 6 Jahren) heißt *asilo* oder *scuola materna*. Die ganz Kleinen gehen in den *asilo nido* (Kinderkrippe).

In genere il treno è *pieno / in ritardo*.	Der Zug ist meist *voll / verspätet*.
Normalmente mangio *in mensa / in ufficio* a pranzo.	Ich esse gewöhnlich *in der Kantine / im Büro* zu Mittag.
A mezzogiorno mangio perlopiù un panino.	Mittags esse ich meist nur ein Brötchen.
A mezzogiorno provo a uscire dall'ufficio, ma non ci riesco sempre.	Mittags versuche ich aus dem Büro rauszukommen, aber ich schaffe es nicht immer.
Spesso torno a casa tardi.	Oft komme ich erst spät nach Hause.
Non ho molto tempo per me.	Ich habe nicht viel Zeit für mich.
Spesso ci piazziamo semplicemente davanti alla televisione.	Oft hocken wir uns einfach vor den Fernseher.
Durante la settimana non esco spesso.	Unter der Woche gehe ich nicht oft weg.
Una volta alla settimana vado *in palestra / a fare yoga*.	Ich gehe einmal die Woche *ins Fitness-Studio / zum Yoga*.
Ho iniziato un corso di tango.	Ich habe mit Tangotanzen angefangen.
Il sabato è il turno della spesa, delle faccende domestiche eccetera.	Am Samstag steht Einkauf, Haushalt und so weiter an.

Nicht verwechseln:
mensa = Mensa, Kantine
cantina = Keller

Gut zu wissen!
Die Hauptmahlzeit, bei der die ganze Familie am Tisch sitzt, ist das Abendessen (*la cena*). Weitere Mahlzeiten sind *la (prima) colazione* (das Frühstück) und *il pranzo* (das Mittagessen). Im Allgemeinen gönnen sich die Italiener eine längere Mittagspause (*pausa di mezzogiorno*) mit einer richtigen Mahlzeit. Aber auch hier nimmt das Essen in Eile immer mehr zu.
Die Verben zu den Mahlzeiten lauten: *fare colazione* (frühstücken), *pranzare* (zu Mittag essen) und *cenare* (zu Abend essen).

D

16 Descrivere persone
Personen beschreiben

Com'è *(lui)* / *(lei)*?	Wie ist *er* / *sie* denn so?
Che aspetto ha?	Wie sieht *er* / *sie* aus?
(Lei) è *alta* / *piccola* / *di media statura*.	Sie ist *groß* / *klein* / *mittelgroß*.
(Lui) è *magro* / *robusto*.	Er ist *schlank* / *kräftig (gebaut)*.
(Lei) è un po' grassottella.	Sie ist etwas füllig.
(Lei) è *attraente* / *carina* / *bella*.	Sie ist *gut aussehend* / *hübsch* / *schön*.
(Lui) è attraente.	Er sieht gut aus.
Ha una ventina d'anni.	*Er* / *Sie* ist in den Zwanzigern.
Ha più di 30 anni.	*Er* / *Sie* ist über 30.
È sulla trentina.	*Er* / *Sie* ist irgendwo in den Dreißigern.
Non è più giovanissimo.	Er ist nicht mehr der Jüngste.
(Lui) è *di mezza età* / *già anziano*.	Er ist *mittleren Alters* / *schon älter*.
Nemmeno lei è più così giovane.	Sie ist auch nicht mehr ganz jung.
(Lei) ha gli occhi *azzurri* / *verdi* / *marroni*.	Sie hat *blaue* / *grüne* / *braune* Augen.
(Lei) ha capelli *lunghi* / *corti* / *di media lunghezza* / *lisci* / *ricci*.	Sie hat *lange* / *kurze* / *mittellange* / *glatte* / *lockige* Haare.
(Lei) è *bionda* / *bruna*.	Sie ist *blond* / *brünett*.
(Lui) ha capelli *scuri* / *castani* / *bianchi* / *rossi*.	Er hat *dunkle* / *braune* / *graue* / *rote* Haare.
Ha *i baffi* / *la barba*.	Er hat einen *Schnurrbart* / *Bart*.

In Verbindung mit Zahlen können „etwa" und „circa" auf Italienisch durch die Endung *-ina* ausgedrückt werden: *una ventina* (circa / um die zwanzig).

Graue Haare sind auf Italienisch *capelli bianchi* (wörtlich: „weiße Haare").

(Lei) ha la coda di cavallo.	Sie trägt einen Pferdeschwanz.
(Lui) porta gli occhiali.	Er trägt eine Brille.
(Lei) è sempre vestita in maniera elegante.	Sie ist immer schick angezogen.
Non gli importa molto del suo aspetto.	Ihm ist sein Aussehen ziemlich egal.
Sono sempre ♂ vestiti / ♀ vestite in modo piuttosto casual.	Sie sind immer ziemlich leger gekleidet.
(Lui) è un po' trascurato.	Er ist ein wenig ungepflegt.
È davvero un tipo molto *simpatico / carino*.	Er ist ein richtig netter Kerl.
(Lei) è molto piacevole.	Sie ist sehr angenehm.
(Lui) è abbastanza timido.	Er ist etwas schüchtern.
(Lui) è (semmai) un solitario.	Er ist (eher) ein Einzelgänger.
(Lei) è molto socievole.	Sie ist sehr kontaktfreudig.
Conosce un po' tutti.	Er kennt Gott und die Welt.
(Lei) è sempre in piena forma.	Sie ist immer in Topform.

Carino bzw. *carina* hat viele positive Bedeutungen: hübsch, nett, freundlich, hilfsbereit usw. Nicht verwechseln mit *caro* bzw. *cara* (lieb / teuer).

Gut zu wissen!
Far bella figura (*figura* meint hier das Erscheinungsbild) beschreibt im Italienischen die Bemühung, einen guten Eindruck zu hinterlassen. Dabei ist mit *bella figura* auf keinen Fall nur der bloße Schein gemeint, sondern ganz konkret das ehrliche Bestreben nicht unangenehm aufzufallen. Diese Vorstellung umfasst geschmackvolle Kleidung, ein gepflegtes Äußeres, eine aufgeräumte Wohnung, Freundlichkeit im Umgang mit anderen und zivilisiertes Benehmen. Außerdem lässt man auch die anderen gut aussehen und bringt sie keinesfalls in Verlegenheit oder blamiert sie gar.
Wer all das im Umgang mit Italienern nicht beachtet, macht eine *brutta figura* oder eine *figuraccia*.

E

Einladungen
und
Verabredungen

17 Inviti
Einladungen

Volere im Imperfekt
(z. B. *volevo* ...) drückt
höfliche Bitten oder
Absichten aus.

Vorsicht bei
paar / Paar:
un paio di libri =
ein paar Bücher
un paio di scarpe =
ein Paar Schuhe
*Antonia e Mario sono
una coppia.* = Antonia
und Mario sind ein
Paar.

Ha tempo stasera?	Haben Sie heute Abend Zeit?
Hai già qualcosa in programma *per domani / per il fine settimana*?	Hast du *morgen / am Wochenende* schon etwas vor?
La prossima settimana sono in città e volevo chiedere se ci possiamo incontrare.	Ich bin nächste Woche in der Stadt und wollte fragen, ob wir uns treffen könnten.
Potremmo andare a cena una di queste sere.	Wir könnten abends mal zusammen essen.
Che ne direbbe di andare a bere qualcosa?	Möchten Sie etwas trinken gehen?
Vogliamo fare una grigliata.	Wir wollen grillen.
Vuoi venire anche tu?	Willst du mitkommen?
Abbiamo invitato un paio di persone a bere un bicchiere.	Wir haben ein paar Leute auf einen Drink eingeladen.
Facciamo una festa.	Wir feiern eine Party.
Per quale occasione?	Was ist der Anlass?
Niente di speciale.	Nichts Besonderes.
È il mio compleanno.	Ich habe Geburtstag.
È cordialmente ♂ benvenuto / ♀ benvenuta.	Sie sind herzlich willkommen.
Puoi venire quando vuoi.	Du kannst jederzeit vorbeischauen.
Sarebbe bellissimo se tu potessi venire.	Es wäre toll, wenn du kommen könntest.
Ci farebbe molto piacere se Lei potesse venire.	Es würde uns sehr freuen, wenn Sie kommen könnten.
Molto gentile da parte Sua.	Das ist sehr nett von Ihnen.

Molto volentieri.	Sehr gerne.
Che idea carina!	Was für eine nette Idee.
Sarebbe *molto bello / eccezionale / straordinario*.	Das wäre *sehr schön / toll / super*.
Molte grazie, ma ...	Vielen Dank, aber ...
Purtroppo non ho tempo.	Ich habe leider keine Zeit.
Devo *controllare la mia agenda / domandare a mia moglie*.	Ich muss *in meinem Kalender nachsehen / bei meiner Frau nachfragen*.
Credo che abbiamo già qualcosa in programma.	Ich glaube, wir haben da schon etwas vor.
Saremo in viaggio.	Wir sind verreist.
Sono da un'altra parte.	Da bin ich woanders.
Sono ♂ impegnato / ♀ impegnata.	Ich bin beschäftigt.
Ho già un altro *impegno / appuntamento*.	Ich habe bereits eine andere *Verpflichtung / Verabredung*.
Peccato!	Schade!
Che ne dici invece di domenica?	Was hältst du stattdessen von Sonntag?
Magari un'altra volta.	Vielleicht ein anderes Mal.
Nessun problema.	Kein Problem.

Appuntamento verwendet man auch für einen Arzttermin bzw. Arbeitstermin. *Un appuntamento* ist aber auch ein Rendezvous.

Gut zu wissen!

Wird man in Italien zum Abendessen eingeladen, erscheint man mit einer leichten Verspätung (15 bis 20 Minuten) und einem kleinen Präsent (siehe auch Seite 43) oder einem Blumenstrauß für die Dame. Schenken Sie aber auf keinen Fall Chrysanthemen (in Italien häufig als Grabschmuck verwendet) oder Rosen in gerader Anzahl (eine durch drei teilbare Zahl ist aber in Ordnung). Hier sind die Italiener nicht ganz frei von Aberglauben. Und auch die Farbe der Rosen sollten Sie bedenken: Rot bedeutet Liebe, Gelb bedeutet Neid oder Eifersucht.
Bei Arbeitsessen wird es mit der Pünktlichkeit übrigens genauer genommen.

18 Quando e dove?
Wann und wo?

In Italien beginnt der frühe Nachmittag (*primo pomeriggio*) ungefähr gegen 14 Uhr, der späte Nachmittag (*il tardo pomeriggio*) kann je nach Region oder Jahreszeit bis 19 Uhr dauern.

Che giorno?	An welchem Tag?
A che ora?	Um wie viel Uhr?
Quando Le andrebbe meglio?	Wann würde es Ihnen am besten passen?
Che ora andrebbe bene per Lei?	Welche Zeit wäre für Sie in Ordnung?
Che ne dice delle otto?	Wie wäre es um acht?
Alle otto di mattina o alle otto di sera?	Acht Uhr morgens oder acht Uhr abends?
Alle tre di pomeriggio.	(Um) drei Uhr nachmittags.
Alle quindici.	Um fünfzehn Uhr.
Alle sette e *mezzo / mezza / trenta*.	Um halb acht.
Verso le sei (circa).	(So) gegen sechs.
(Poco) prima delle otto.	(Kurz) vor acht.
Dopo le otto.	Nach acht.
Che cosa Le andrebbe meglio?	Was würde Ihnen am besten passen?
Sono flessibile.	Ich bin flexibel.
Scelga / Decida Lei!	*Wählen / Entscheiden* Sie.
Per me è indifferente.	Mir ist es *gleich / egal*.
Quando è meglio per Lei.	Wann immer es Ihnen passt.
Come vuoi.	Wie du willst.
Mi dispiace, purtroppo non ce la faccio.	Tut mir leid, das schaffe ich leider nicht.
Potrebbe andare bene un quarto d'ora *prima / dopo*?	Ginge eine Viertelstunde *früher / später*?

Sarebbe proprio giusto giusto.	Das wird ein bisschen knapp.	Die Wiederholung des Adjektivs ist im Italienischen eine Möglichkeit, den Superlativ auszudrücken: *un caffè forte forte* (ein sehr starker Espresso).
Preferirei appena un po' più tardi.	Mir wäre es etwas später lieber.	
Devo passare a prenderLa?	Soll ich Sie abholen kommen?	
Dove propone di incontrarci?	Wo schlagen Sie vor, dass wir uns treffen?	
Bene, allora domenica alle otto e quindici davanti alla stazione.	Gut, dann also am Sonntag um acht Uhr fünfzehn vor dem Bahnhof.	Punkt acht = *alle otto in punto* oder *alle otto precise* Eine kleine Verspätung von wenigen Minuten gilt in Italien aber nicht als besonders unhöflich.
Solo per confermare brevemente: alle diciannove nel Suo albergo.	Um das kurz zu bestätigen, neunzehn Uhr bei Ihrem Hotel.	
Invio un *SMS / messaggino*.	Ich schicke eine SMS.	
Mi faccia uno squillo.	Rufen Sie mich einfach kurz an.	
Mi può dare il Suo numero per ogni evenienza?	Können Sie mir Ihre Nummer geben, für alle Fälle?	
Ottimo, direi.	Das klingt sehr gut.	
Bellissimo, mi fa davvero piacere.	Super, ich freue mich darauf.	

Gut zu wissen!

Auf die Frage *Che ora è?* bzw. *Che ore sono.* (Wie spät ist es?) antwortet man mit *è mezzogiorno/mezzanotte* (es ist Mittag/Mitternacht), *è l'una* (es ist ein Uhr) oder in allen anderen Fällen (ab zwei Uhr) mit *sono le* + Zeitangabe: *sono le tre* (es ist drei Uhr).
Minutenangaben werden mit *e* nach der vollen Stunde angegeben (*Sono le tre e venti*). Nach der 40. Minute werden die Minuten mit *meno* von der darauf folgenden Stunde abgezogen (*sono le cinque meno dieci*). Halbe Stunden gibt man mit *mezzo* oder *mezza* an (*le tre e mezzo*), Viertelstunden mit *un quarto* (*le quattro meno un quarto*).

E

Einladungen
und
Verabredungen

19 Inviti
Zu Gast sein

Che piacere vederLa.	Schön, Sie zu sehen.
Entri pure!	Kommen Sie doch herein.
Prego, entri, con *questa pioggia / questo freddo* …	Kommen Sie doch herein bei *dem Regen / der Kälte* …
Mi dispiace per il leggero ritardo.	Die leichte Verspätung tut mir leid.
C'è stato un problema con la metropolitana.	Es gab ein Problem mit der U-Bahn.
Abbiamo dovuto aspettare *l'autobus / il treno* per venti minuti.	Wir mussten zwanzig Minuten auf den *Bus / Zug* warten.
Abbiamo posteggiato davanti alla casa dei Vostri vicini. Spero che non dia fastidio.	Wir haben vor dem Haus Ihrer Nachbarn geparkt. Ich hoffe, das ist in Ordnung.
Mi vuole dare il cappotto?	Darf ich Ihnen den Mantel abnehmen?
Lascia pure le tue cose sulla sedia.	Lass deine Sachen einfach auf dem Stuhl.
A proposito *il bagno / la toilette* è …	*Das Bad / Die Toilette* ist übrigens …
… qui a *sinistra / destra*.	… hier *links / rechts*.
… in cima alle scale e poi a *sinistra / destra*.	… die Treppe hoch und *links / rechts*.
Se desidera rinfrescarsi …	Falls Sie sich kurz frisch machen wollen …
Le abbiamo portato un pensierino.	Wir haben Ihnen eine Kleinigkeit mitgebracht.

Den Weg zur Toilette erfragt man mit:
Dov'è il bagno?
Weniger elegant klingt *il gabinetto* und ordinär *il cesso*.

Ecco qualcosa per il buffet.	Hier ist etwas für das Buffet.
Abbiamo portato una bottiglia di vino.	Wir haben eine Flasche Wein mitgebracht.
Molte grazie, però non era necessario.	Danke sehr, das wäre aber wirklich nicht nötig gewesen.
Mi segua.	Folgen Sie mir.
Seguite semplicemente il suono della musica.	Einfach der Musik nach.
Prego, si accomodi!	Nehmen Sie doch Platz.
Cerca semplicemente un posticino dove sederti!	Such dir einfach ein Plätzchen.
Faccia come se fosse a casa Sua!	Fühlen Sie sich wie zu Hause.
Che cosa vorresti bere?	Was möchtest du trinken?
Si serva pure!	Nehmen Sie sich einfach etwas zu essen und zu trinken.
Vèrsati pure qualcosa da bere!	Schnapp dir einfach was zu trinken.
Posso *offrirLe / portarLe* qualcosa da bere?	Kann ich Ihnen etwas zu trinken *anbieten / holen*?
Io prendo un po' di vino rosso.	Ich nehme etwas Rotwein.
Meglio di no, devo guidare.	Lieber nicht, ich muss noch fahren.
Qualcosa di analcolico, per favore.	Etwas ohne Alkohol, bitte.

Bringen Sie Italienern unbedingt einen (sehr guten) Wein als Gastgeschenk mit und keinen Billigwein. Auf Qualität wird Wert gelegt.

Gut zu wissen!
Als Gastgeschenke eigenen sich Süßigkeiten (z. B. aus einer Konditorei) oder eine gute Flasche (italienischer) Wein. Absolut ungeeignet als Geschenk sind in Italien Stofftaschentücher oder spitze Gegenstände. Im Volksglauben verschenkt man damit Streit.
Wundern Sie sich außerdem nicht, wenn Geschenke sofort aufgerissen werden. Das gilt in Italien als höfliche Geste des Interesses.

E

Einladungen und Verabredungen

Grußformeln für den Abschied finden Sie in Kapitel 4.

Nicht verwechseln: *presto* heißt in der Grundbedeutung „früh" und nicht ~~schnell~~, wie man es aufgrund der im deutschen verwendeten Bedeutung vielleicht annehmen möchte.

20 Congedarsi
Der passende Abschied

Oh, è già così tardi?	O je, ist es schon so spät?
Ho perso del tutto la cognizione del tempo.	Ich habe die Zeit völlig aus den Augen verloren.
Deve scusarmi, ma …	Sie müssen mich entschuldigen, aber …
È giunto il momento di *salutarci / andare via*.	Es wird Zeit, dass ich mich *verabschiede / auf den Weg mache*.
Adesso devo proprio andarmene.	Ich muss jetzt wirklich gehen.
Domani devo uscire presto.	Morgen muss ich früh raus.
Ci attende un lungo viaggio.	Wir haben es ziemlich weit.
Devo tornare a casa perché Tommaso non sta bene.	Ich muss nach Hause, weil es Tommaso nicht gut geht.
Posso dare un passaggio a qualcuno?	Kann ich (noch) jemanden mitnehmen?
Conosciamo la strada.	Wir finden schon raus.
È proprio un peccato però.	Das ist aber schade.
Davvero deve già andare?	Müssen Sie wirklich schon gehen?
Torna presto a *trovarmi / trovarci*.	*Besuch mich / Besuch uns* bald wieder.
Mi fa piacere che Lei sia ♂ riuscito / ♀ riuscita a venire.	Ich freue mich sehr, dass Sie kommen konnten.
Mi ha fatto piacere che tu sia ♂ venuto / ♀ venuta.	Es war schön, dass du da warst.
Dobbiamo rifarlo (presto).	Das müssen wir (bald) wieder machen.

Posso convincerLa a prendere un ultimo bicchiere di vino?	Kann ich Sie noch zu einem letzten Glas Wein überreden?	Die Angabe des Inhalts erfolgt zusammen mit der Präposition *di*: *una tazza di caffè* (eine Tasse Kaffee). Nicht verwechseln: *una tazza da caffè* = eine Kaffeetasse
Ancora un ultimo goccio?	Noch ein letztes Schlückchen?	
Ti andrebbe un ultimo bicchiere prima di andartene?	Wie wäre es mit einem Absacker, bevor du gehst?	
No, grazie ho già bevuto abbastanza.	Nein, ich hatte wirklich schon genug.	
Se me lo domanda così come faccio a dire di no?	Wenn Sie mich so fragen, wie kann ich da nein sagen?	
Ci siamo ♂ divertiti / ♀ divertite tantissimo.	Wir haben uns prächtig amüsiert.	
È stato semplicemente eccezionale.	Es war einfach super.	
Grazie della serata meravigliosa. È stata splendida.	Danke für den wunderbaren Abend. Es war toll.	Ebenfalls möglich: *Grazie per la serata ...*
La cena era *fantastica / squisita*.	Das Abendessen war *fantastisch / köstlich*.	
Deve darmi la ricetta.	Sie müssen mir das Rezept geben.	
La prossima volta venite voi da noi.	Das nächste Mal *kommen Sie / kommt ihr* zu uns.	

Gut zu wissen!
Das Abschiednehmen ist meistens ritualisiert. In gutbürgerlichen Kreisen ist es sehr formell (akademische Titel wie *dottore* werden gerne genannt) und ausgiebig, unter jungen Leuten viel direkter und kürzer. Enge Freunde und Verwandte umarmen und/oder küssen sich links und rechts auf die Wange. Von guten Bekannten, die Sie am nächsten Tag wiedersehen werden, können Sie sich mit *Ciao, a domani.* oder *Ci vediamo.* verabschieden.

21 Buone notizie e auguri!
Gute Nachrichten und Glückwünsche

avere fortuna =
Glück haben
essere felice =
glücklich sein
fortuna = Glück
(z. B. im Spiel)
felicità = Glück (als
innerer Zustand)

Vor einer Prüfung
sagt man: *In bocca
al lupo!* (wörtlich:
im Maul des Wolfes/
übertragen: Hals-
und Beinbruch).
Darauf antwortet
man *Crepi!* (er soll
krepieren) und nicht
~~grazie~~ (das würde
Unglück bringen).

Ho *delle buone notizie / una buona notizia.*	Ich habe *gute Nachrichten / eine gute Nachricht.*
Ti devo raccontare qualcosa.	Ich muss dir was erzählen.
Hai già sentito che cosa è successo?	Hast du schon gehört, was passiert ist?
Ho proprio avuto fortuna.	Ich habe wirklich Glück gehabt.
Non vedo l'ora di raccontartelo.	Ich kann kaum erwarten, es dir zu erzählen.
Mi hanno offerto il posto.	Man hat mir die Stelle angeboten.
Ho avuto una promozione.	Ich bin befördert worden.
Ho avuto un *aumento di stipendio / premio.*	Ich habe eine *Gehalts-erhöhung / Prämie* bekommen.
Ho superato l'esame.	Ich habe meine Prüfung bestanden.
Ho conosciuto qualcuno.	Ich habe jemanden kennengelernt.
Roberto e io andiamo a vivere insieme.	Roberto und ich ziehen zusammen.
Ci siamo fidanzati.	Wir haben uns verlobt.
Ci sposiamo.	Wir heiraten.
Aspettiamo un bambino.	Wir erwarten ein Kind.
Non riesco nemmeno a dirti come sono felice.	Ich kann dir gar nicht sagen, wie glücklich ich bin.
Finalmente il mio sogno si è realizzato.	Mein Traum ist endlich wahr geworden.

Se non sono buone notizie queste!	Wenn das keine guten Nachrichten sind.
Tanti auguri! / Congratulazioni!	Herzlichen Glückwunsch!
Ben fatto! Complimenti!	Gut gemacht! Herzlichen Glückwunsch!
Sono così ♂ contento / ♀ contenta (per te).	Ich freue mich so (für dich).
Sono proprio notizie *eccezionali / fantastiche.*	Das sind ja *großartige / fantastische* Nachrichten.
Felicitazioni vivissime.	Ganz herzliche Glückwünsche.
So quanto è importante per te.	Ich weiß, wie viel dir das bedeutet.
Buona fortuna!	Viel Glück!
Le auguro tanto successo.	Ich wünsche Ihnen viel Erfolg.
Tanti cari auguri di buon compleanno.	Herzlichen Glückwunsch zum Geburtstag!
I più affettuosi auguri per l'anniversario di matrimonio!	Herzlichen Glückwunsch zum Hochzeitstag!
Buon Natale!	Frohe Weihnachten!
Buon anno!	Ein gutes neues Jahr!
Buona Pasqua!	Frohe Ostern!

Auguri kann man zu jedem Anlass sagen: *Auguri di buon Natale! Auguri di buon anno!* usw. Mit *congratulazioni, felicitazioni* und *complimenti* gratuliert man Personen, die etwas erreicht bzw. eine Prüfung bestanden haben.

Wenn Italiener heiraten, schenken sie Freunden und Verwandten *confetti* (weißer Mandelkonfekt). Nicht verwechseln: „Konfetti" heißen auf Italienisch *coriandoli.*

Gut zu wissen!
Die wichtigsten religiösen Feiertage in Italien sind: *il Natale* (Weihnachten), *l'Epifania* (Dreikönigsfest), *la Pasqua* (Ostern), *il Ferragosto* (Mariä Himmelfahrt), *Ognissanti* (Allerheiligen) und *l'Immacolata Concezione* (Mariä Empfängnis). *L'Ascensione* (Christi Himmelfahrt) und *la Pentecoste* (Pfingsten) sind keine Feiertage mehr. Nationale Feiertage sind in Italien der Tag der Befreiung am 25. April (*Festa della Liberazione*) und der Tag der Republik am 2. Juni (*Festa della Repubblica*). Am 1. Mai (*Primo Maggio*) wird wie in vielen Ländern *la Festa del lavoro* gefeiert.

22 Brutte notizie e cordoglio
Schlechte Nachrichten und Anteilnahme

Purtroppo ho delle *brutte / tristi* notizie.	Ich habe leider *schlechte / traurige* Nachrichten.
È successo qualcosa di terribile.	Etwas Schreckliches ist passiert.
Quello che Le dirò adesso …	Das, was ich Ihnen gleich sagen werde, …
… sarà uno choc per Lei.	… wird ein Schock für Sie sein.
…La *irriterà / deluderà*.	… wird Sie *verärgern / enttäuschen*.
Non so quasi come fare a dirlo, ma …	Ich weiß kaum, wie ich es sagen soll, aber …
Non Le piacerà, ma …	Es wird Ihnen nicht gefallen, aber …
Siamo nei guai.	Wir haben echt Ärger am Hals.
Emilio ha avuto un incidente.	Emilio hatte einen Unfall.
Roberto è ricoverato in ospedale.	Roberto liegt im Krankenhaus.
Tommaso ha *un tumore / un cancro*.	Tommaso hat Krebs.
Luciano è morto.	Luciano ist tot.
È morto improvvisamente per un infarto cardiaco.	Er ist plötzlich an einem Herzinfarkt gestorben.
Stefania ha subito un'aggressione.	Stefania ist überfallen worden.
Marco ha perso il lavoro.	Marco hat seinen Job verloren.

Oft verwendet man Umschreibungen, wenn es um den Tod geht: *Paolo si è spento / addormentato.* (Paolo ist entschlafen.) *Morto / Morta* entspricht im Deutschen „tot" und „gestorben".

Sono ♂ stato licenziato / ♀ stata licenziata.	Ich bin entlassen worden.
Non ti preoccupare!	Mach dir keine Sorgen.
Non casca il mondo.	Davon geht die Welt nicht unter.
Non ti abbattere.	Lass dich davon nicht unterkriegen.
Oh no! / Oddio!	*(O) Nein! / O Gott!*
Mi dispiace proprio tanto.	Es tut mir so leid.
È *terribile / orribile*.	Das ist ja *schrecklich / fürchterlich*.
Per te ora deve essere un inferno.	Das muss für dich gerade die Hölle sein.
Deve essere una fase difficilissima per Lei.	Das muss eine sehr schwere Zeit für Sie sein.
Posso fare qualcosa?	Gibt es irgendetwas, was ich tun kann?
Penso a te in questo momento difficile.	Ich denke an dich in dieser schwierigen Zeit.
Vi / Ti inviamo tanti cari saluti.	Wir senden *euch / dir* ganz liebe Grüße.
Buona guarigione!	Gute Besserung!
Fa' tanti auguri di pronta guarigione a Simone.	Bestell Simone von mir die besten Wünsche für eine schnelle Genesung.
Le mie (sincere) condoglianze.	Mein (herzliches) Beileid.
Vorrei esprimere le mie (più sincere) condoglianze.	Ich möchte mein (herzliches) Beileid ausdrücken.

Synonyme sind: *è tremendo / è sconvolgente*

Achtung: *Andrea, Gabriele, Simone* und *Nicola* sind im Italienischen Männernamen!

> **Gut zu wissen!**
> Italiener sparen weder mit Komplimenten noch mit Anteilnahme: Sie können also – mit dem nötigen Respekt und Fingerspitzengefühl – die ganze Bandbreite der hier genannten Ausdrücke in den verschiedensten Situationen anwenden, ohne gleich in ein Fettnäpfchen zu treten.

F

23 Aneddoti divertenti
e barzellette

Lustige Anekdoten
und Witze

Ti ho mai raccontato quello che mi è successo a Milano?	Habe ich dir jemals erzählt, was mir in Mailand passiert ist?
Mi è successo qualcosa di assurdo.	Mir ist etwas ganz Verrücktes passiert.
Mi ricorda qualcosa che è successo a me una volta.	Das erinnert mich an etwas, das mir mal passiert ist.
Tanto non ci credi!	Das glaubst du eh nie.
Aspetta di sentire che cosa è successo dopo.	Warte, bis du hörst, was als Nächstes passiert ist.
Ma giuro che è vero.	Aber ich schwöre, es ist wahr.
Dapprima / All'inizio …	*Zuerst / Am Anfang …*
In seguito …	Danach …
Dopo / Poi …	Dann …
Comunque …	Jedenfalls …
Per finire / Alla fine …	Schließlich …
E poi è andata a finire così.	Und das war dann das Ende.
E questo è tutto.	Und das war's dann.
Semplicemente non riuscivo a crederci.	Ich konnte es einfach nicht glauben.
È stato un caso incredibile.	Es war ein unglaublicher Zufall.
Sono ♂ rimasto così sorpreso / ♀ rimasta così sorpresa.	Ich war so überrascht.
Non sapevo che cosa dire.	Ich wusste nicht, was ich sagen sollte.

Die folgenden Wörter
helfen Ihnen, eine
Begebenheit Schritt
für Schritt zu
berichten.

Nicht verwechseln:
la fine = das Ende
il fine = das Ziel,
der Zweck

Sono ♂ rimasto / ♀ rimasta di stucco.	Ich war völlig baff.
Da urlo.	Zum *Schreien / Brüllen*.
C'è venuto da ridere.	Wir bekamen einen Lachanfall.
Avevo le lacrime agli occhi dal ridere.	Ich musste vor Lachen weinen.
Era così divertente.	Es war so lustig.
Conosci la barzelletta su ...?	Kennst du den Witz über ...?
Scommetto che non l'hai mai sentita.	Ich wette, du hast diesen noch nicht gehört.
Ecco, fa così: ...	Nun, er geht so: ...
L'hai capita (la barzelletta)?	Hast du ihn [= den Witz] verstanden?
A volte sono un po' lento di comprendonio.	Manchmal bin ich im Kopf etwas langsam.
Ah, adesso ho capito.	Ach, jetzt hab ich's verstanden.
Ha detto proprio così? Non ti credo.	Hat *er / sie* das wirklich gesagt? Ich glaube dir nicht.
Mi prendi in giro?	Nimmst du mich auf den Arm?
È proprio buona.	Der ist echt gut.
Questa me la devo proprio segnare.	Den muss ich mir merken.
Le barzellette me le ricordo proprio male.	Ich kann mir Witze ganz schlecht merken.

Achtung: *C'è* ist hier die Verkürzung von *ci è* (= *a noi*: uns ist).

Direkte Objekte (z. B. *la barzelletta*) werden im gesprochenen Italienisch häufig durch die Wiederholung des entsprechenden Pronomens (z. B. *l'* bzw. *la*) hervorgehoben.

Gut zu wissen!
Witze in einer fremden Sprache zu erzählen und zu verstehen ist nicht einfach. Es erfordert neben guten sprachlichen Kenntnissen viel landeskundliches Verständnis sowie gewisse kulturelle und soziale Kompetenzen, um nicht in ein Fettnäpfchen zu treten. Den deutschen Ostfriesen entsprechen in italienischen Witzen die *carabinieri*.

F

Gute
und schlechte
Nachrichten

24 Brutte esperienze
Schlechte
Erfahrungen

Tipp: Die Vorsilbe *s-*
(und auch *dis-*) kehrt
die Bedeutung eines
Wortes meistens ins
Gegenteil um:
aus Glück (*fortuna*)
wird somit Pech
(*sfortuna*).

È stato uno di quei giorni in cui va tutto storto.	Das war so ein Tag, an dem einfach alles schiefgeht.
Non ho mai fatto un viaggio così *terribile / orribile*.	Ich hatte noch nie so eine *schreckliche / furchtbare* Reise.
Abbiamo avuto proprio sfortuna.	Wir hatten wirklich Pech.
È andato tutto storto.	Alles ging schief.
È stata una catastrofe …	Es war eine Katastrophe …
… dall'inizio alla fine.	… von Anfang bis Ende.
Abbiamo avuto un contrattempo.	Wir wurden aufgehalten.
Il volo è stato *annullato / cancellato*.	Der Flug wurde annulliert.
Abbiamo perso il volo di coincidenza.	Wir haben unseren Anschlussflug verpasst.
Il tempo è stato orribile.	Das Wetter war grauenhaft.
Ci siamo ♂ persi / ♀ perse.	Wir haben uns *verirrt / verfahren*.
C'è stato un blackout.	Es gab einen Stromausfall.
Internet è saltato.	Das Internet fiel aus.
C'era sciopero.	Es wurde gestreikt.
Ho *perso / perduto* …	Ich habe … verloren.
… il mio borsellino.	… meinen Geldbeutel …
… il mio portafoglio.	… meine Brieftasche …
… le mie chiavi.	… meine Schlüssel …
Abbiamo avuto un guasto.	Wir hatten eine Panne.

Siamo ♂ rimasti bloccati / ♀ rimaste bloccate in coda.	Wir hingen im Stau fest.
Il treno ha avuto 50 minuti di ritardo.	Der Zug hatte 50 Minuten Verspätung.
Non è venuto nessuno a prenderci.	Es war keiner da, um uns abzuholen.
Mi sentivo così ♂ scemo / ♀ scema.	Ich kam mir so blöd vor.
Era colpa mia.	Ich war schuld.
Non è stata affatto colpa mia.	Ich war überhaupt nicht schuld.
Ho provato di tutto ma è stato tutto inutile.	Ich habe alles versucht, aber es war umsonst.
È stato un fallimento completo.	Es war ein einziges Fiasko.
Non si sono ♂ dimostrati / ♀ dimostrate per niente disponibili.	Sie waren absolut nicht hilfsbereit.
Non gliene fregava proprio niente.	Es war ihnen schnurzegal.
Ero proprio …	Ich war so …
… ♂ seccato / ♀ seccata.	… sauer.
… ♂ incazzato / ♀ incazzata.	… angepisst.
Eravamo *spossati / stanchi morti*.	Wir waren *erschöpft / total k. o.*
È stata una delle peggiori situazioni che mi siano mai capitate.	Es war mit das Schlimmste, was ich je erlebt habe.
Non lo augurerei nemmeno al mio peggior nemico.	Ich würde es meinem ärgsten Feind nicht wünschen.

Das Verb *fregarsene* ist nicht besonders elegant. Neutraler ist: *Non gliene importava proprio niente.*

Achtung: *incazzato* ist ordinär und kann nur unter vertrauten Personen verwendet werden.

> **Gut zu wissen!**
> Gute Gründe, sich im italienischen Alltagsleben zu beklagen, fehlen nun wirklich nicht. Trotzdem ist ein bisschen Verständnis und Ironie gefragt. In Italien findet man dank der Flexibilität und Hilfsbereitschaft der Italiener oft doch noch eine Lösung.

25 Esprimere interesse e disinteresse
Interesse und Desinteresse bekunden

Die in den folgenden Sätzen genannten Vorlieben und Abneigungen können Sie natürlich beliebig Ihren persönlichen Interessen anpassen.

„Fan" auf Italienisch:
im Sport = *tifoso*
in Kunst und Kultur = *appassionato, ammiratore*

Amo la montagna.	Ich liebe die Berge.
Adoro il gelato.	Ich liebe Eis(creme).
Mauro adora il teatro.	Mauro liebt das Theater.
Mi piace fare escursioni in montagna.	Ich wandere gern.
Mi piacciono gli animali.	Ich mag Tiere.
Ti piace il calcio?	Magst du Fußball?
Semplicemente non so resistere alla cioccolata.	Schokolade kann ich einfach nicht widerstehen.
Mi interessa la storia.	Ich interessiere mich für Geschichte.
Sono un grande appassionato di cinema italiano.	Ich bin ein großer Fan italienischer Filme.
Giorgio è un appassionato giocatore di golf.	Giorgio ist begeisterter Golfer.
Raimondo è un patito del computer.	Raimondo ist ein Computerfreak.
Vado ♂ pazzo / ♀ pazza per la cucina italiana.	Ich bin verrückt nach italienischer Küche.
Ho un debole per Giulia.	Ich habe eine Schwäche für Giulia.

mi piace + Substantiv im Singular
mi piacciono + Substantiv im Plural

Lo sport mi lascia indifferente.	Ich mache mir eigentlich nichts aus Sport.
Non mi piacciono i talkshow.	Ich mag keine Talkshows.
Odio la musica elettronica.	Ich hasse Elektro-Musik.
Non sopporto le persone che non riescono a prendere decisioni.	Ich kann Leute, die sich nicht entscheiden können, nicht ausstehen.

Il giardinaggio non fa per me.	Gartenarbeit ist einfach nicht mein Ding.
Non ho una grande considerazione per questo autore.	Ich halte nicht viel von diesem Autor.
Non spreco il mio tempo con persone del genere.	Für solche Leute ist mir meine Zeit zu schade.
Rebecca riesce difficilmente ad accettare delle critiche.	Rebecca kann Kritik schlecht annehmen.
Tommaso non è proprio il mio tipo.	Tommaso ist einfach nicht mein Typ.

Per me non fa differenza.	Es macht mir nichts aus.	
Per me è *uguale / indifferente*.	Mir ist es gleich.	
Qualsiasi cosa (va bene).	Egal was.	
Non ho niente in contrario.	Ich habe nichts dagegen.	
Me ne infischio.	Das ist mir schnurzegal.	
Io mi adatto alle vostre esigenze.	Ich richte mich ganz nach euch.	
Non è il mio problema.	Das ist nicht mein Problem.	
Questo è un problema tuo.	Das ist dein Problem.	
Sì, e allora?	Na und?	
Fa' quello che vuoi.	Mach, was du willst.	
Me ne strafrego. / Me ne sbatto.	Es ist mir scheißegal.	Achtung: Vulgär.

Gut zu wissen!
Zu einer lebhaften Kommunikation gehört auch die Fähigkeit, zu differenzieren. Gerade bei Vorlieben und Abneigungen gibt es viele Möglichkeiten, die eigene Haltung oder Einstellung facettenreich kundzutun.
Die Skala der Vorlieben kann von *avere simpatia* (nett finden), über *piacere* (mögen), *amare* (lieben) bis hin zu *adorare* (anbeten) reichen. Und die Abneigungen von *trovare antipatico* (unsympathisch finden), über *odiare* (hassen), *non sopportare* (nicht ertragen) bis hin zu *detestare* (verabscheuen).

G

Gefühle und Emotionen

Spero che vada tutto bene.	Ich hoffe, alles geht gut.
Spero di vedere Giacomo domani.	Ich hoffe, dass ich Giacomo morgen sehe.
Speriamo che diano una promozione a Maurizio.	Hoffentlich wird Maurizio befördert.
In bocca al lupo!	Ich drück(e) dir die Daumen.
Speriamo bene.	Hoffen wir das Beste.
Carlo spera fermamente di trovare presto un lavoro.	Carlo hat große Hoffnung, bald eine Arbeit zu finden.
Guardo al futuro con un certo ottimismo.	Ich blicke ziemlich optimistisch in die Zukunft.
Non ho ancora riposto la speranza di trovare un appartamento alla portata delle mie tasche.	Ich habe die Hoffnung noch nicht aufgegeben, eine bezahlbare Wohnung zu finden.
Siamo tutti piuttosto fiduciosi.	Wir sind alle ziemlich zuversichtlich.
Ciò darà speranza a molte persone.	Das wird vielen Menschen Hoffnung geben.
C'è della luce alla fine del tunnel.	Es gibt Licht am Ende des Tunnels.
C'è un barlume di speranza.	Es gibt einen Hoffnungsschimmer.
Marco ci sarà alla festa? – *Spero di sì. / Spero di no.*	Wird Marco auf der Party sein? – *Ich hoffe es. / Ich hoffe nicht.*
Se tutto va bene, entro il fine settimana è tutto pronto.	Wenn alles gut geht, ist bis zum Wochenende alles fertig.

Die Antwort muss *Crepi!* lauten (siehe Seite 46).

sperare + di + sì / no
Ebenso: *credo di sì, credo di no; mi auguro di sì …*

Questa notizia è *molto promettente / incoraggiante.*	Diese Nachricht ist *vielversprechend / ermutigend.*
Sono così felice.	Ich bin so glücklich.
Mi fa così piacere che tutto vada bene.	Ich bin so froh, dass alles gut geht.
Sono (molto) ♂ contento / ♀ contenta che tu stia di nuovo bene.	Ich bin (sehr) froh, dass es dir wieder gut geht.
Rolando era piuttosto di buonumore.	Rolando war in ziemlich guter Stimmung.
Laura era strafelice.	Laura war überglücklich.
Quando è ♂ nato il bambino / ♀ nata la bambina eravamo al settimo cielo.	Als das Baby geboren wurde, waren wir überglücklich.
♂ Tutti / ♀ Tutte erano di buon umore.	Alle waren gut gelaunt.
Quando ha saputo dei risultati dell'esame, era fuori di sé dalla gioia.	Als sie ihre Prüfungsergebnisse erfahren hat, war sie ganz aus dem Häuschen.
Ci ha fatto un enorme piacere.	Wir haben uns riesig gefreut.
Mi hai salvato la giornata.	Du hast mir den Tag gerettet.
Mi hai ♂ messo / ♀ messa di buon umore.	Du hast mich aufgeheitert.
Tutto è bene quel che finisce bene.	Ende gut, alles gut.

Neben der Endung *-issimo* bzw. *-issima* kann der Superlativ auch mit *molto* (sehr) + Adjektiv oder einer Vorsilbe wie *stra-*, *ultra-* oder *super-* gebildet werden.

> **Gut zu wissen!**
> Verben, die Wünsche, Hoffnung oder Gefühle ausdrücken, wie z. B. *essere contento* oder *sperare*, erfordern im Nebensatz den Konjunktiv: *Spero che vada tutto bene.* (Ich hoffe, dass alles gut geht.)
> Ist das Subjekt in Haupt- und Nebensatz jedoch identisch, dann verwendet man *di* + Infinitiv: *Spero di vedere Giacomo domani.* (Ich hoffe, dass ich Giacomo morgen sehe.)

G

Gefühle und Emotionen

27 Delusione e tristezza
Enttäuschung und Traurigkeit

Sono ♂ rimasto deluso / ♀ rimasta delusa per i risultati.	Ich war von den Ergebnissen enttäuscht.
(Lei) mi ha deluso. Mi sarei ♂ aspettato / ♀ aspettata di più.	Sie haben mich enttäuscht. Ich hatte mehr erwartet.
Eravamo così ♂ delusi / ♀ deluse.	Wir waren so enttäuscht.
È stata un'amara delusione.	Es war eine herbe Enttäuschung.
Con mia grande sorpresa non mi hanno nemmeno ♂ invitato / ♀ invitata al colloquio di lavoro.	Zu meiner großen Überraschung bekam ich noch nicht einmal ein Vorstellungsgespräch.
L'intero fine settimana ha deluso le nostre attese.	Das ganze Wochenende hat unsere Erwartungen enttäuscht.
È stata una delusione totale.	Es war ein totaler Reinfall.
Resta molto al di sotto delle aspettative.	Es bleibt weit hinter den Erwartungen zurück.
La festa è stata una fregatura.	Die Party war ein Reinfall.
Ero così ♂ scoraggiato / ♀ scoraggiata.	Ich war so entmutigt.
Mi sento così *triste / infelice / miserabile*.	Ich fühle mich so *traurig / unglücklich / elend*.
Me ne sono ♂ andato / ♀ andata con la morte nel cuore.	Ich bin schweren Herzens gegangen.

colloquio = Gespräch
colloquio di lavoro = Vorstellungsgespräch

Sono ♂ rimasti tutti sgomenti / ♀ rimaste tutte sgomente.	Sie waren alle bestürzt.
Massimo è veramente giù di morale.	Massimo ist wirklich geknickt.
Mi sembri piuttosto ♂ provato / ♀ provata.	Du siehst ziemlich mitgenommen aus.
Ero così …	Ich war so …
… ♂ depresso / ♀ depressa.	… bedrückt.
… ♂ abbattuto / ♀ abbattuta.	… niedergeschlagen.
… ♂ afflitto / ♀ afflitta.	… betrübt.
Perché hai quella faccia depressa?	Warum siehst du so bedrückt aus?
Giacomo è *tremendamente abbattuto / totalmente depresso.*	Giacomo ist *zu Tode betrübt / völlig deprimiert.*
Quando la sua squadra ha perso era inconsolabile.	Als seine Mannschaft verloren hat, war er untröstlich.
Tutte le brutte cose che mi sono successe negli ultimi mesi mi hanno proprio buttato giù.	All die schlimmen Dinge, die mir in den letzten Monaten passiert sind, haben mir ganz schön zugesetzt.
Rosanna è ancora in lutto per la morte del marito.	Rosanna trauert noch um ihren verstorbenen Mann.
La famiglia è ancora in lutto.	Die Familie trauert noch.

Viele Ausdrücke für schlechte Laune werden mit dem Verb *essere* (sein) gebildet: *sono di cattivo umore* (ich habe schlechte Laune), *sono triste* (ich bin traurig), *sono giù di morale* (ich hab' den Moralischen), *sono a terra* (ich bin am Boden zerstört).

Gut zu wissen!
Freunde, Bekannte oder Kollegen können Sie mit den folgenden Ausdrücken trösten und Ihnen Mut zusprechen:
Dai! (eine Form von *dare*, die in etwa „Ach komm schon" bedeutet)
Forza, coraggio! (Komm schon, nur Mut!)
Non te la prendere! (Nimm's dir nicht zu Herzen.)
Su con la vita! (Kopf hoch!)
Domani è un altro giorno! (Morgen ist auch noch ein Tag!)
Abbi fiducia! (Hab Zuversicht!)

28 Sorpresa e sconcerto
Überraschung und Unglaube

Denken Sie daran, dass es sich bei dem Wörtchen „einfach" um ein Adverb handelt. Im Italienischen müssen Sie also die Endung *-mente* hinzufügen.

Sono ♂ rimasto così sorpreso / ♀ rimasta così sorpresa.	Ich war so überrascht.
Ero ...	Ich war ...
... ♂ stupefatto / ♀ stupefatta.	... verwundert.
... ♂ sbalordito / ♀ sbalordita.	... verblüfft.
(Semplicemente) non riesco a crederci.	Ich kann es (einfach) nicht fassen.
Non so che cosa dire.	Ich weiß nicht, was ich sagen soll.
Sono senza parole.	Ich bin sprachlos.
Siamo ♂ rimasti / ♀ rimaste senza parole.	Wir wussten nicht, was wir sagen sollten.
Mi ha lasciato senza fiato.	Es hat mir den Atem verschlagen.
Rimango di stucco.	Ich bin platt.
Era così irreale.	Es war so unwirklich.
(Questo fatto) mi ha davvero aperto gli occhi.	Das hat mir wirklich die Augen geöffnet.
È quasi inconcepibile.	Das ist kaum fassbar.
È stato estremamente sorprendente.	Das war höchst erstaunlich.
Non ci credo!	Das glaube ich nicht!
Mai! È impossibile.	Niemals! Das ist unmöglich.
È incredibile.	Das ist unglaublich.

Troppo bello per essere vero.	Das ist zu schön, um wahr zu sein.
Non è stata una sorpresa	Es war keine Überraschung.
C'è poco da meravigliarsi.	Kein Wunder.
Non mi ha sorpreso minimamente.	Ich war nicht im Geringsten überrascht.
Ma va' a raccontarlo a qualcun altro!	Das kannst du deiner Großmutter erzählen.
Beato chi ci crede!	Wer's glaubt, wird selig.
Lei non l'avrebbe mai fatto.	Das hätte sie nie getan.
Non sono ♂ nato / ♀ nata ieri, lo sai.	Ich bin nicht von gestern, weißt du.
Sono *una cinica nata / uno scettico nato*.	Ich bin *die geborene Zynikerin / der geborene Skeptiker*.
Questa è una balla (pazzesca).	Das ist ein (unglaubliches) Ammenmärchen.
Non l'ho preso per oro colato.	Ich habe es nicht für bare Münze genommen.
Non sembra affatto plausibile.	Das klingt überhaupt nicht plausibel.
È inconcepibile che Giulio faccia una cosa del genere.	Es ist unvorstellbar, dass Giulio so etwas tun würde.

Interjektionen wie *Troppo bello!, Grande!* oder *Mitico!* hört man oft. Es handelt sich um Synoyme für „Toll!" oder „Großartig".

Gut zu wissen!
Das Gegenteil von Adjektiven kann oft mithilfe von Vorsilben ausgedrückt werden. Am häufigsten ist die Vorsilbe *in-: giusto / **in**giusto* (gerecht / ungerecht). Vor Adjektiven, die mit *b, m* oder *p* beginnen, wird *in-* zu *im-: possibile / **im**possibile* (möglich / unmöglich). Vor den Anfangsbuchstaben *l* und *r* hingegen, kommt es zu einer Verdoppelung des Konsonanten: *logico / **il**logico* (logisch / unlogisch), *reale / **ir**reale* (wirklich / unwirklich).

H

Die Meinung äußern

Le proprie opinioni e quelle degli altri
Ansichten anderer und die eigene Meinung

Das Pronominal-adverb *ne* steht für „davon, darüber".

Che cosa ne pensa?	Was denken Sie (darüber)?
Qual è la Sua opinione (su questo punto)?	Was ist Ihre Meinung (hierzu)?
Quali sono le sue opinioni (in materia)?	Was sind Ihre Ansichten (in dieser Angelegenheit)?
Qual è la Sua posizione (su questo tema)?	Was ist Ihr Standpunkt (dazu)?
Qual è il Suo parere a riguardo?	Was halten Sie davon?
Che posizioni ha (su questo argomento)?	Wo stehen Sie (in dieser Sache)?
Qual è *il Suo punto di vista / la Sua posizione* (riguardo a questo argomento?)	Wie ist *Ihre Einstellung / Ihr Standpunkt* (dazu)?
Come vede questa cosa?	Wie sehen Sie diese Sache?

Die folgenden Beispielsätze zeigen Ihnen eine große Vielfalt an Wendun-gen, mit denen Sie – neben dem einfachen *penso che* – Ihre eigene Meinung kundtun können.

Penso che Giuseppe abbia ragione.	Ich denke, Giuseppe hat Recht.
Se vuole sapere la mia opinione, si tratta di un'idea promettente.	Wenn Sie mich fragen, ist das eine vielversprechende Idee.
Io personalmente sono molto ♂ fiducioso / ♀ fiduciosa.	Ich persönlich bin sehr zuversichtlich.
Per come la vedo io, questo non è il momento migliore.	So wie ich das sehe, ist jetzt nicht der beste Zeitpunkt.
Secondo me dovremmo risparmiare di più.	Meiner Meinung nach sollten wir mehr sparen.
Secondo me è una perdita di tempo.	Meiner Meinung nach ist das Zeitverschwendung.

Sono dell'avviso che non vengano spesi soldi a sufficienza per l'istruzione.	Ich bin der Meinung, dass nicht genug Geld für Bildung ausgegeben wird.
Penso che ♂ tutti quanti / ♀ tutte quante dobbiamo lavorare di più.	Ich glaube, dass wir alle härter arbeiten müssen.
Credo che siamo sulla buona strada.	Ich glaube, wir sind auf dem richtigen Weg.
Non considero Andrea l'uomo più adatto per questo posto.	Ich betrachte Andrea nicht als den besten Mann für die Stelle.
Per quel che mi riguarda, procede tutto perfettamente.	Soweit ich das sehe, läuft alles prima.
Dal mio punto di vista una maggiore spesa aiuta sempre l'economia.	Von meiner Warte aus, hilft mehr Konsum der Konjunktur immer.
A mio parere è una delle migliori scrittrici del suo tempo.	Für mich ist sie eine der besten Schriftstellerinnen ihrer Zeit.
Considero che ci saranno grandi cambiamenti.	Ich schätze, es wird große Veränderungen geben.
Credo che Silvia sarà presto di ritorno.	Ich glaube, dass Silvia bald zurück sein wird.
Ritengo che sia semplicemente una questione di tempo.	Ich schätze, es ist einfach eine Frage der Zeit.

Achtung: *Andrea, Gabriele, Simone,* und *Nicola* sind im Italienischen Männernamen!

Nicht vergessen: Auf *aiutare* (helfen) folgt im Italienischen ein direktes Objekt: *Paolo aiuta Maria* und nicht *Paolo aiuta a Maria*. Das gilt übrigens auch für *ringraziare* (danken).

Gut zu wissen!
Verben der subjektiven Meinungsäußerung lösen im Italienischen den Konjunktiv im Nebensatz aus, so z. B. *credere* (glauben), *ritenere* (halten für), *pensare* (denken), *sostenere* (behaupten).
*Credo che Paola **sia** intelligente.* (Ich glaube, dass Paola intelligent ist.)
Aber Vorsicht: Nach Wendungen wie *secondo me* oder *secondo la mia opinione* steht der Indikativ.
*Secondo me Paola **è** molto intelligente.* (Meiner Meinung nach ist Paola sehr intelligent.)

30 Esprimere approvazione
Zustimmung ausdrücken

È giusto.	Das ist richtig.
Hai perfettamente ragione.	Du hast total recht.
È proprio così.	Genau das ist es.
Sono d'accordo (*con te / su questo punto*).	Ich stimme (*dir / dem*) zu.
Sono completamente d'accordo.	Ich bin völlig einverstanden.
Io la vedo esattamente così.	Ich sehe das ganz genauso.
Siamo d'accordo.	Wir sind uns einig.
Sono dello stesso parere.	Ich bin der gleichen Meinung.
Condivido il Suo punto di vista.	Ich teile Ihre Ansicht.
È anche *la mia opinione / il mio punto di vista / la mia posizione / la mia impressione*.	Das ist auch *meine Meinung / meine Ansicht / mein Standpunkt / mein Eindruck*.
Sembra che abbiamo delle opinioni simili.	Wir haben anscheinend ähnliche Ansichten.
La vedo così anch'io.	So sehe ich es auch.
Sono d'accordo (al cento per cento).	Ich bin (hundert Prozent) einverstanden.
La penso così anch'io.	Das denke ich auch.
Credo che tu abbia ragione.	Ich glaube, du hast recht.
Su questo argomento siamo dello stesso avviso.	Wir sind in dieser Sache einer Meinung.
C'è molto di vero in questo.	Da ist viel Wahres dran.

Wenn Sie nicht einverstanden sind:
Non sono d'accordo con te.

Achtung: ich auch =
anch'io
Nicht: ~~io anche~~

Non potrebbe essere più vero.	Nur zu wahr.
Proprio così.	So ist es.
Esattamente. / Precisamente.	Genau.
Naturalmente.	Natürlich.
Eccome! / Altro che!	Und ob.
Quest'idea mi piace. – Anche a me.	Ich mag diese Idee. – Ich auch.
Lo puoi dire forte!	Das kannst du laut sagen.
Ne sono ♂ convinto / ♀ convinta.	Davon bin ich überzeugt.
È *corretto / esatto.*	Das ist korrekt.
Quello che (Lei) *dice / pensa* è corretto.	Was Sie da *sagen / denken,* ist korrekt.
Appoggio questa posizione.	Diese Haltung unterstütze ich.
Sono molto favorevole (a farlo).	Ich bin sehr dafür(, das zu tun).
Ha tutto il mio sostegno.	Sie haben meine volle Unterstützung.
Siamo sulla buona strada.	Wir sind auf dem richtigen Weg.
Hai colpito proprio nel segno.	Du hast den Nagel auf den Kopf getroffen.
Non sarei riuscito a esprimerlo meglio.	Das hätte ich selbst nicht besser sagen können.
Hai fatto centro.	Du liegst genau richtig.

Häufig hört man in der Umgangssprache *a me mi piace* (gedoppeltes Pronomen). Es ist grammatikalisch nicht ganz korrekt. Vermeiden Sie es lieber.

> **Gut zu wissen!**
> Adverbien bestimmen Verben, Adjektive, andere Adverbien oder ganze Sätze näher. Da sich Adverbien im Italienischen – anders als im Deutschen – von den Adjektiven unterscheiden (meist durch *-mente*), stellt dies für deutschsprachige Lerner eine Schwierigkeit dar. Denken Sie also daran, bei Zustimmungen zum Beispiel mit „absolut" oder „völlig" das Adverb zu verwenden: *Hai assolutamente ragione.*

31 Esprimere disaccordo
Widersprechen

„Eigentlich" kann
man vielfältigst
wiedergeben: *in
realtà, in fondo,
effettivamente*.

Mi dispiace, ma non sono d'accordo (*con Lei / su questo punto*).	Tut mir leid, ich stimme (*Ihnen / dem*) nicht zu.
Purtroppo sono di un'altra opinione.	Ich bin leider anderer Meinung.
In realtà non credo che si possa dire così.	Ich glaube eigentlich nicht, dass man das so sagen kann.
Ho i miei dubbi in materia.	Da habe ich (so) meine Zweifel.
Ne dubito.	Das bezweifele ich (eher).
Non ne sono così ♂ sicuro / ♀ sicura.	Da bin ich mir nicht so sicher.
Questo mi appare piuttosto improbabile.	Das scheint eher unwahrscheinlich.
Sono piuttosto ♂ scettico / ♀ scettica.	Ich bin eher skeptisch.
Credo che ci sia un equivoco.	Ich glaube, es liegt ein Missverständnis vor.
(Su questo punto) siamo di parere diverso.	Wir sind (darüber) anderer Meinung.
Abbiamo differenti punti di vista.	Wir haben unterschiedliche Ansichten.
Non ci resta che constatare che siamo di diverso avviso.	Wir müssen es dabei belassen, dass wir unterschiedlicher Meinung sind.
Sono ♂ contrario / ♀ contraria.	Ich bin dagegen.
Su questo punto siamo di opinione diversa.	Wir sind in dieser Sache unterschiedlicher Meinung.

Su questo argomento siamo ♂ divisi / ♀ divise.	Wir sind in dieser Sache gespalten.
Devo contraddirLa riguardo a quello che ha appena detto.	Ich muss Ihnen in Bezug auf das, was Sie gerade gesagt haben, widersprechen.
Lo metterei fortemente in dubbio.	Das würde ich stark bezweifeln.
Non è *giusto / corretto*.	Das ist nicht *richtig / korrekt*.
Da non crederci!	Das kann doch nicht wahr sein.
Ho un'opinione completamente diversa.	Ich bin völlig anderer Meinung.
(Lei) è proprio sulla strada sbagliata.	Da liegen Sie ganz falsch.
Sei proprio fuori strada.	Du bist auf der falschen Fährte.
Non la vedo affatto così.	Das sehe ich gar nicht so.
Qui *ti / La* devo contraddire.	Da muss ich *dir / Ihnen* widersprechen.
(Loro) non sono per niente concordi.	Sie sind sich absolut nicht einig.
(Loro) sono sul piede di guerra.	Sie liegen sich in den Haaren.

„In Bezug auf" kann man im Italienischen auch mit: *per quanto concerne, rispetto a* oder *relativamente a* ausdrücken.

Gut zu wissen!
Schließen Sie sich einer positiven Meinung an, so nutzen Sie *anch'io*: *La vedo così anch'io.* (So sehe ich es auch.) Wollen Sie „auch nicht" zum Ausdruck bringen, also die Tatsache, dass einer negativen Meinung beigepflichtet wird, dann können Sie *neanche, nemmeno* oder *neppure* verwenden:
Paolo è d'accordo? – No, nemmeno lui. (Ist Paolo einverstanden? – Nein, er auch nicht.) *Non mi piace. – Neanche a me.* (Es gefällt mir nicht. – Mir auch nicht.)
Mit *invece no* können Sie der Auffassung Ihres Gegenübers kurz und knapp widersprechen: *Mi piace molto la musica classica. – A me invece no.* (Ich mag klassische Musik sehr. – Ich nicht.)

H

Die Meinung äußern

Achtung! *Problema* ist im Italienischen ein männliches Substantiv: *un piccolo problema*. Das gilt für alle Substantive, die dem Griechischen entlehnt sind, wie z. B. auch *il sistema* (das System) und *il tema* (das Thema).

Mi dispiace, ma ho un reclamo da fare.	Es tut mir leid, aber ich habe eine Beschwerde.
Purtroppo devo lamentarmi del servizio.	Ich muss mich leider über den Service beschweren.
Purtroppo c'è un piccolo problema.	Es gibt leider ein kleines Problem.
Sembra che ci sia qualcosa che non va.	Es scheint etwas nicht in Ordnung zu sein.
Il bagno non è stato pulito.	Das Bad ist nicht gereinigt worden.
Il riscaldamento non funziona.	Die Heizung funktioniert nicht.
Non ci sono asciugamani.	Es gibt keine Handtücher.
La lampadina è rotta.	Die Glühbirne ist kaputt.
C'è qualcosa che non funziona nell'aria condizionata.	Etwas stimmt mit der Klimaanlage nicht.
Il *gabinetto / WC* è intasato.	Die Toilette ist verstopft.
È troppo …	*Er / Sie / Es* ist zu …
… grande.	… groß.
… ♂ piccolo / ♀ piccola.	… klein.
… ♂ lungo / ♀ lunga.	… lang.
… ♂ corto/ ♀ corta.	… kurz.
La macchina / L'auto è sporca.	Das Auto ist dreckig.
Manca un pezzo.	Ein Teil fehlt.
Se premo sul *bottone / pulsante* non succede niente.	Wenn ich den Knopf drücke, passiert nichts.

Noch eine Falle! *Auto* ist im Italienischen weiblich: *un'auto nuova*. Auch die Automarken sind weiblich: *una Fiat, una Ferrari*.

Lo schermo / Il display resta nero.	*Der Bildschirm / Das Display* bleibt schwarz.
♂ Lo / ♀ La può aggiustare per favore?	Können Sie das bitte richten?
(Lei) può fare qualcosa?	Können Sie etwas (dagegen) tun?
Sono ♂ sicuro / ♀ sicura che troveremo un modo per risolvere il problema.	Ich bin sicher, dass wir einen Weg finden, das Problem zu lösen.
Lo so che non è colpa Sua.	Ich weiß, dass das nicht Ihre Schuld ist.
Gradirei avere una sostituzione.	Ich hätte gern Ersatz.
Vorrei chiedere un rimborso.	Ich möchte um Erstattung bitten.
Voglio riavere i miei soldi.	Ich will mein Geld zurück.
Non posso accettarlo.	Das kann ich nicht hinnehmen.
È il mio buon diritto farmi restituire i soldi.	Es ist mein gutes Recht, mein Geld zurückzufordern.
Voglio parlare con *il direttore / la direttrice*.	Ich will mit *dem Geschäftsführer / der Geschäftsführerin* sprechen.
Pretendo di parlare con ♂ il / ♀ la responsabile.	Ich will die zuständige Person sprechen.
Dovrò parlare di questa faccenda con il Suo superiore.	Ich werde die Angelegenheit bei Ihrem Vorgesetzten ansprechen müssen.
Non Le permetto di trattarmi così.	Ich verbitte mir eine solche Behandlung.

das Geld = Singular
i soldi = Plural
Außerdem: *un euro, due euro.*

Gut zu wissen!
Sich in einer Fremdsprache zu beschweren, ist nicht einfach. Am besten Sie beginnen eine Beschwerde mit Wendungen wie: *Mi dispiace ma...* (Es tut mir leid, aber ...); *Mi permetto di...* (Lassen Sie mich ...); *Mi scusi, ma...* (Entschuldigen Sie, aber ...). Bleiben Sie dabei sachlich und höflich und formulieren Sie keine Vorwürfe.

33 Proposte e raccomandazioni
Vorschläge und Empfehlungen

Das Substantiv nach *qualche* (einige, ein paar) steht immer im Singular: *qualche libro* (einige Bücher), *qualche rosa* (einige Rosen).

Quali attrazioni turistiche ci può consigliare?	Welche Sehenswürdigkeiten können Sie uns empfehlen?
Che cosa (ci) propone?	Was schlagen Sie (uns) vor?
Ci può dare qualche consiglio?	Können Sie uns ein paar Tipps geben?
Ci può raccomandare un ristorante?	Können Sie uns ein Restaurant empfehlen?
Per caso ha qualche suggerimento da darci?	Haben Sie vielleicht ein paar Anregungen für uns?
E se andassimo al cinema?	Wie wäre es mit Kino?
Potreste andare in un parco a tema.	Sie könnten in einen Themenpark gehen.
Magari potremmo visitare il centro storico?	Wir könnten die Altstadt besichtigen?
Perché non andiamo sulla spiaggia?	Warum gehen wir nicht zum Strand?
Facciamo un giro in barca!	Lasst uns eine Bootsfahrt machen!
Propongo di fare un riposino e poi di continuare.	Ich schlage vor, wir ruhen uns aus und machen dann weiter.
Posso / Potrei fare un'altra proposta?	*Kann / Darf* ich einen anderen Vorschlag machen?
Ho un'idea migliore.	Ich habe eine bessere Idee.
Se volete, possiamo prendere la nostra macchina.	Wenn ihr möchtet, können wir unser Auto nehmen.
Ti fa piacere se vi ci porto io?	Möchtest du, dass ich euch hinbringe?

Nicht vergessen: Vor weiblichen Substantiven bzw. Adjektiven, die mit Vokal beginnen, schreibt sich *un'* mit Apostroph: *un'idea, un'ora,* ...

Vogliamo incontrarci fra mezz'ora (alla reception)?	Sollen wir uns in einer halben Stunde (an der Rezeption) treffen?
Magari volete prendere un aperitivo al caffè Florian.	Vielleicht möchten Sie im Café Florian einen Aperitif trinken.
La cosa migliore sarebbe incontrarci alle nove.	Das Beste wäre, sich um neun zu treffen.
Al posto tuo farei una prenotazione online.	An deiner Stelle würde ich online *reservieren / buchen*.
Vi consiglierei caldamente di prenotare in anticipo.	Ich würde sehr empfehlen, vorher zu *reservieren / buchen*.
Potremmo andare semplicemente in birreria.	Wir könnten einfach in die Kneipe gehen.
A me non viene in mente niente di meglio, quindi potremmo fare anche quello che propone Anna.	Mir fällt nichts Besseres ein, also könnten wir auch einfach das tun, was Anna vorschlägt.
Dai retta a me: non ne vale la pena.	Hör auf meinen Rat: Es ist die Mühe nicht wert.

Vor dem Abendessen einen Aperitif in einem Café oder einer Bar zu trinken, ist fester Bestandteil der Esskultur in Italien. Die Auswahl an den unterschiedlichsten Aperitifen ist groß.

Bierlokale (*birrerie*) sind in Italien immer häufiger zu finden. Vor allem unter Jugendlichen trinkt man zur Pizza mittlerweile Bier und nicht mehr Wein.

Gut zu wissen!
Das deutsche Verb „dürfen" kann man schwer ins Italienische übersetzen. Da *potere* (können) neben einer Möglichkeit auch eine Erlaubnis ausdrückt, wird darauf in den meisten Fällen zurückgegriffen. *Posso uscire?* (Darf ich ausgehen?)
Bei Bitten um Erlaubnis können Sie natürlich auch den Konditional verwenden: *Potrei uscire stasera?* (Dürfte ich heute Abend ausgehen?)
Aber Vorsicht: Die Form „dürfte" als Ausdruck einer Vermutung lautet *dovrebbe essere*: *Dovrebbe essere giusto.* (Das dürfte stimmen.)
In verneinten Sätzen – also „nicht dürfen" – greift man auf *non dovere* zurück: *Non devi giocare con il coltello.* (Du darfst nicht mit dem Messer spielen.)

34 Al ristorante
Im Restaurant

Tisch im
Italienischen:
il tavolo = Arbeits-
tisch, Tisch im
Restaurant
la tavola =
(gedeckter) Tisch

Vorrei prenotare un tavolo.	Ich möchte einen Tisch reservieren.
Per quante persone?	Für wie viele Personen?
Un tavolo per quattro (persone) alle sette e mezzo.	Ein Tisch für vier Personen um sieben Uhr dreißig.
Se possibile preferiremmo un tavolo *alla finestra / fuori sul terrazzo / in giardino / in un angolino tranquillo*.	Nach Möglichkeit hätten wir gern einen Tisch *am Fenster / draußen auf der Terrasse / im Garten / in einer ruhigen Ecke*.
Abbiamo una prenotazione a nome …	Wir haben eine Reservierung auf den Namen …
Io prendo un cocktail.	Ich nehme einen Cocktail.
Potrebbe portarci il menu per favore?	Können wir bitte die Speisekarte haben?
Quali sono i piatti del giorno?	Welche Tagesgerichte gibt es?

Menu bedeutet
Tageskarte und
Speisekarte. In
feinen Restaurants
bekommt man *la
carta delle pietanze*
(Speisekarte) und
la carta dei vini
(Weinkarte).
Piatto bedeutet
Teller, aber auch
Gang – *primo piatto*
(erster Gang) –und
Gericht – *piatto del
giorno* (Tagesgericht).

Per antipasto prendo un'insalata di mare.	Ich nehme einen Meeresfrüchtesalat als Vorspeise.
E di primo prenderei le penne al salmone.	Und als ersten Gang hätte ich gern Penne mit Lachs.
Sono *vegetariano / vegetariana*.	Ich bin *Vegetarier / Vegetarierin*.
Di contorno vorrei fagiolini e patate fritte.	Als Beilage möchte ich grüne Bohnen und Pommes frites.
Potrei avere un'insalata mista?	Könnte ich einen gemischten Salat haben?
La bistecca la preferirei *al sangue / media / ben cotta*.	Ich hätte das Steak gern *blutig / medium / durchgebraten*.

E da bere gradiremmo una bottiglia d'acqua *con / senza* gas.	Und zu trinken hätten wir gern eine Flasche Wasser *mit / ohne* Kohlensäure.
Acqua del rubinetto, per cortesia.	Einfach Leitungswasser, bitte.
Mi può portare *un altro coltello / un'altra forchetta / un cucchiaio pulito*?	Bringen Sie mir bitte *noch ein Messer / eine neue Gabel / einen sauberen Löffel*.
Sono ♂ sazio / ♀ sazia.	Ich bin satt.
Ho finito.	Ich bin fertig.
Non ce la faccio più.	Mehr schaffe ich nicht.
Per me niente dessert, grazie.	Für mich bitte kein Dessert.
Il conto per favore.	Die Rechnung, bitte.
Il servizio è incluso?	Ist der Service inbegriffen?
Paghiamo qui o *al banco / all'uscita*?	Bezahlen wir hier oder *an der Theke / am Ausgang*?
Sei ♂ mio / ♀ mia ospite. Offro io.	Du bist mein Gast. Das übernehme ich.
Allora la prossima volta tocca a me.	Dann bin ich nächstes Mal dran.

Der Rechnungsbetrag für den *coperto* (Gedeck) umfasst Tischdecke, Servietten, Besteck und Brot. Letzteres darf nie auf einem gedeckten Tisch fehlen.

Trinkgeld = *la mancia* Wenn Sie mit dem Service zufrieden waren, können Sie ein Trinkgeld geben. Lassen Sie es einfach auf dem Rechnungsteller oder dem Tisch liegen.

Gut zu wissen!
Eine Mahlzeit besteht in Italien aus mehreren Gängen: *L'antipasto* ist eine warme oder kalte Vorspeise auf die der *primo (piatto)* – bestehend aus *pasta, risotto* oder einer Suppe – folgt. Anschließend kommt *il secondo (piatto)* – ein Fleisch- oder Fischgericht – und der *contorno* (Beilage). Abgrundet wird diese Folge durch eine Nachspeise (*dolce* bzw. *dessert*), Obst (*frutta*) oder Käse (*formaggio*). Ergänzend ist ein Espresso (*un caffè*) ebenfalls obligatorisch – aber auf keinen Fall ein *cappuccino*!
Beachten Sie auch: Verlangen Sie keine getrennten Rechnungen. Es gehört zum guten Ton, den Rechnungsbetrag am Ende durch die Anzahl der Teilnehmer zu teilen. Dabei spielt es keine Rolle, ob Sie mehr oder weniger gegessen haben.

35 Shopping
Shopping

Caro bedeutet im Italienischen sowohl „teuer", als auch „lieb". „Billig" kann man mit *economico, conveniente* oder *a buon mercato* übersetzen.

Verwenden Sie die direkten Objektpronomen – *lo* (ihn) für männliche Gegenstände und *la* (sie) für weibliche – um „es" oder „das" im Akkusativ auszudrücken.

Herrengrößen entsprechen in Italien meistens den deutschen Größen. Bei Damengrößen müssen Sie im Schnitt zwei Größen dazurechnen.

Quanto costa?	Wie viel kostet das?
Purtroppo per me è troppo ♂ caro / ♀ cara.	Das ist mir leider zu teuer.
È più di quanto volevo spendere.	Das ist mehr als ich ausgeben wollte.
Ha qualcosa di più conveniente?	Haben Sie etwas Günstigeres?
Cerco un regalo per un compleanno.	Ich suche ein Geburtstagsgeschenk.
Avete qualcosa di adatto a una persona anziana?	Haben Sie etwas, das einer älteren Person gefallen könnte?
Le posso essere di aiuto? – No grazie, do solo uno sguardo.	Kann ich Ihnen helfen? – Danke, ich schaue nur.
♂ Lo / ♀ La prendo.	Ich nehme es.
Grazie, non ♂ lo / ♀ la prendo.	Danke, ich möchte es nicht.
♂ Lo / ♀ La posso provare, per favore?	Kann ich das bitte anprobieren?
Dove sono i camerini?	Wo ist die Umkleide?
Ce l'avete anche in un colore diverso?	Haben Sie es in einer anderen Farbe?
Avete una taglia più *grande / piccola*?	Haben Sie es eine Nummer *größer / kleiner*?
Io porto la 46. Non so a quale taglia corrisponde in Italia.	Ich habe Größe 46. Ich weiß nicht, welcher Größe das in Italien entspricht.

Le / Ti sta bene?	Passt es *Ihnen / dir*?
È troppo ...	*Er / Sie / Es* ist zu ...
... ♂ stretto / ♀ stretta.	... eng.
... ♂ piccolo / ♀ piccola.	... klein.
... ♂ largo / ♀ larga.	... weit.
... grande.	... groß.
Le / Ti sta bene.	Es steht *Ihnen / dir*.
È esattamente quello che cercavo.	Das ist genau das, was ich mir vorgestellt habe.
Non è proprio esattamente quello che cercavo.	Es ist nicht ganz das, was ich gesucht habe.
Mi può fare un pacchetto regalo?	Können Sie es als Geschenk einpacken?
Ha una busta?	Haben Sie eine Einkaufstüte?
♂ Lo / ♀ La posso cambiare?	Kann ich das umtauschen?
Ha ancora *la ricevuta / lo scontrino*?	Haben Sie noch die Quittung?
In realtà vorrei avere indietro i miei soldi.	Eigentlich hätte ich gern mein Geld zurück.
Digiti il suo codice PIN. E poi prema sul tasto di conferma.	Geben Sie Ihre PIN ein. Und drücken Sie, um zu bestätigen.
Per questa carta non c'è un codice PIN, devo firmare.	Zu dieser Karte gibt es keine PIN, ich muss unterschreiben.
Avrebbe *della moneta / degli spiccioli*?	Können Sie mir Kleingeld geben?

Den Kassenbon (*scontrino* oder *ricevuta*) müssen Kunden in Italien aus steuerrechtlichen Gründen immer verlangen.

Gut zu wissen!
In Italien sind die Ladenöffnungszeiten nicht so streng geregelt wie in den deutschsprachigen Ländern. Supermärkte, Kaufhäuser und besonders Einkaufszentren in größeren Städten können auch sonntags und an Feiertagen geöffnet sein. In kleineren Orten haben Geschäfte – je nach Saison – eine Mittagspause von 2 bis 3 Stunden und bleiben zusätzlich einen halben Tag unter der Woche geschlossen.

I

Unterwegs in der Stadt

Wenn Sie ein Doppelzimmer mit einem großen Ehebett wünschen, müssen Sie *una camera matrimoniale* buchen.

stanza = Zimmer
camera = (Schlaf-)zimmer

La (prima) colazione spielt keine sehr große Rolle in Italien. Vielen Italienern reicht ein Gebäckstück (*una pasta*) und ein Kaffee in einer *bar* (Café).

36 In albergo
In der Unterkunft

Avete delle camere libere?	Haben Sie Zimmer frei?
Cerchiamo *una singola / una doppia / una camera con più letti*.	Wir suchen ein *Einzelzimmer / Doppelzimmer / Mehrbett-zimmer*.
Cerchiamo un bed & breakfast per stanotte.	Wir suchen für heute Nacht ein Privatzimmer mit Frühstück.
Gradiremmo *una stanza silenziosa / una camera che dà sul retro*.	Wir hätten gern *ein ruhiges Zimmer / ein Zimmer, das nach hinten geht*.
Tutte le nostre camere hanno un bagno.	Alle unsere Zimmer haben ein eigenes Bad.
In tutte le nostre camere c'è un minibar.	In all unseren Zimmern gibt es eine Minibar.
Quanto costa?	Wie viel kostet es?
La (prima) colazione è inclusa?	Ist das Frühstück inbegriffen?
Abbiamo una prenotazione per tre notti a nome …	Wir haben eine Reservierung für drei Nächte auf den Namen …
Può riempire il modulo per favore?	Können Sie bitte das Anmeldeformular ausfüllen?
Può firmare qui cortesemente?	Können Sie bitte hier unterschreiben?
Come vuole pagare?	Wie wollen Sie bezahlen?
La camera è stata prenotata via Internet ed è stata pagata in anticipo. Perché Le serve la mia carta di credito?	Das Zimmer wurde über das Internet gebucht und im Voraus bezahlt. Warum brauchen Sie meine Kreditkarte?

Devo chiederLe la Sua carta, ma l'importo viene addebitato soltanto alla partenza.	Ich muss Sie um Ihre Karte bitten, aber sie wird erst beim Checkout belastet.
Se paga in contanti, deve *pagare / saldare* in anticipo.	Wenn Sie bar bezahlen, brauche ich Vorauskasse.
La camera non è ancora pronta, il check-in è a partire dalle 14.	Das Zimmer ist noch nicht fertig. Check-in ist ab 14 Uhr.
Posso lasciare qui il mio bagaglio?	Kann ich mein Gepäck hierlassen?
A che ora è la (prima) colazione?	Um wie viel Uhr ist Frühstück?
La carta della colazione la trova nella cartellina in camera Sua.	Sie finden die Frühstückskarte in der Mappe auf Ihrem Zimmer.
Dov'è *l'ascensore / il fitness / il centro benessere?*	Wo ist der *Aufzug / Fitnessraum / Wellnessbereich?*
Qual è *la password / il codice* di accesso per Internet?	Wie ist das Passwort für das Internet?
Avete una cartina della città?	Haben Sie einen Stadtplan?
Avete *un fon / una cassaforte?*	Haben Sie *einen Fön / einen Safe?*
Vorremmo *prolungare il soggiorno di una notte / rimanere ancora una notte.*	Wir möchten *um eine Nacht verlängern / noch eine Nacht bleiben.*
Vorrei *fare il check-out / pagare il conto.*	Ich möchte *auschecken / die Rechnung bezahlen.*
No, niente dal minibar.	Nein, nichts aus der Minibar.

Übrigens: Für den Fall, dass nicht alles Ihren Wünschen entspricht, finden Sie in Kapitel 32 wichtige Wendungen, um Ihre Beanstandungen loszuwerden.

> **Gut zu wissen!**
> In letzter Zeit hat sich in Italien eine neue Form der Unterbringung behauptet: *l'agriturismo*, was sich mit „Ferien auf dem Bauernhof" nur ungenau übersetzen lässt. Oft handelt es sich um Wohnungen, Häuser oder Villen, die sich auf dem Land befinden und einem landwirtschaftlichen Betrieb angeschlossen sind. Diese Unterbringungen verfügen über alle möglichen Komforts, sind aber günstiger als klassische Hotels.

37 I miei interessi
Das interessiert mich

In Italien ist die *bar* zugleich Café, Schnellimbiss, Aperitiflokal und sozialer Treffpunkt für Jung und Alt.

Achtung: *avere interesse **per*** aber *interessarsi **a*** bzw. *interessarsi **di***.

Mi piace tantissimo guardare i vecchi film.	Ich schaue sehr gern alte Filme.
In genere mi occupo io della cucina e sperimento volentieri delle nuove ricette.	Ich übernehme meistens das Kochen und probiere gern neue Rezepte aus.
Mi piace molto uscire e incontrare gli amici al bar.	Ich gehe einfach gern raus und treffe mich mit meinen Freunden im Café.
Guardo volentieri i documentari di viaggio.	Ich schaue mir gern Reise-Dokus an.
Se ci riesco, non perdo una puntata della mia telenovela preferita.	Ich verpasse keine Folge meiner Lieblingssoap, wenn ich es irgendwie vermeiden kann.
Mi interesso di fotografia.	Ich interessiere mich für das Fotografieren.
Mi piace ascoltare la musica.	Ich höre gern Musik.
Sto imparando a suonare la chitarra da ♂ solo / ♀ sola.	Ich bringe mir das Gitarrespielen bei.
Vado spesso ai mercatini delle pulci.	Ich gehe ziemlich oft auf Flohmärkte.
Sono ♂ un patito / ♀ una patita del «fai da te».	Heimwerken ist genau mein Ding.
Faccio la raccolta di flaconcini di profumo.	Ich sammle Parfümflakons.
Quando torno a casa mi riposo un po'.	Wenn ich nach Hause komme, ruhe ich mich erstmal aus.

Passo molto tempo *su Twitter e Skype / su facebook*.	Ich verbringe viel Zeit *mit Twitter und Skype / auf Facebook*.
Mi interessano i videogiochi.	Ich interessiere mich für Computerspiele.
Cogliamo qualsiasi occasione per fare dei viaggi.	Wir nehmen jede Gelegenheit wahr zu verreisen.
Ho una grande passione per il giardinaggio.	Ich bin begeisterter Hobbygärtner.
È un ottimo metodo per rilassarmi.	Dabei kann ich mich sehr gut entspannen.
Passo diverso tempo a lavorare a maglia – perlopiù davanti al televisore.	Ich verbringe ziemlich viel Zeit mit Stricken – meist vor dem Fernseher.
Recito in un gruppo di teatro amatoriale.	Ich spiele in einer Amateurtheatergruppe mit.
Marta è molto impegnata nel volontariato.	Marta arbeitet ziemlich viel ehrenamtlich.
Sono presidente del nostro circolo di tennis.	Ich bin Vorsitzende(r) unseres Tennisvereins.
Nel poco tempo libero che ho, vorrei prendermela comoda.	In der wenigen Freizeit, die ich habe, möchte ich es ruhig angehen lassen.
Non ho nessun interesse che si possa definire un hobby.	Ich habe nichts, was ich als Hobby bezeichnen würde.
Non mi interesso di politica.	Ich interessiere mich nicht für Politik.
Cerco di mantenermi ♂ aggiornato / ♀ aggiornata.	Ich versuche auf dem Laufenden zu bleiben.

„Spielen" auf Italienisch:
aus Spaß oder beim Sport:
giocare a calcio (Fußball spielen)
ein Instrument:
suonare la chitarra (Gitarre spielen)
auf der Bühne:
recitare una parte (eine Rolle spielen)

> **Gut zu wissen!**
> Anders als in anderen europäischen Ländern, spielen Hobbies in Italien keine große Rolle. Auch die obligatorische Lektüre von Tageszeitungen ist nicht sehr verbreitet (außer Sportzeitungen). Dafür hat das Fernsehen in Italien eine große Bedeutung und teilweise sogar die Rolle der *piazza* als sozialer Treffpunkt übernommen.

J

Freizeit

38 Lo sport è la mia passione
Sport ist mein Ding

L'anno scorso ho iniziato a *giocare a golf / fare arti marziali*.	Ich habe letztes Jahr mit *Golf / Kampfsport* angefangen.
Avrebbe voglia di giocare a golf?	Hätten Sie Lust auf eine Runde Golf?
Conosce un buon campo da golf qui vicino?	Kennen Sie hier einen guten Golfplatz?
Non gioco bene a *golf / calcio*.	Ich spiele nicht gut *Golf / Fußball*.
Ho dimenticato la mia attrezzatura sportiva.	Ich habe mein Sportzeug vergessen.
Sono ♂ appassionato / ♀ appassionata di sport acquatici.	Ich bin begeisterte(r) Wassersportler(in).
Pratico *la vela / il windsurf / lo sci nautico / l'immersione sportiva*.	Ich *segle / windsurfe / fahre Wasserski / mache Sporttauchen*.
Oggi c'è un bel vento costante, né troppo debole né troppo forte.	Heute gibt es eine schöne stetige Brise, nicht zu leicht, nicht zu steif.
Posso prendere in prestito il giubbotto di salvataggio?	Kann ich eine Rettungsjacke ausleihen?
La barca è completamente attrezzata?	Ist das Boot voll ausgestattet?
È stato emesso un avviso di tempesta.	Es wurde eine Sturm- warnung ausgegeben.
Il fine settimana in genere facciamo delle camminate (in montagna).	Wir gehen am Wochenende meistens wandern.

Passiv im Italienischen: *venire* + Partizip drückt einen Prozess aus (nicht mög- lich mit Verben in zusammengesetzten Zeiten): *Viene fatto.* = Es wird gemacht. *essere* + Partizip drückt das Ergebnis aus: *È stato fatto.* = Es ist gemacht worden.

C'è un sentiero lungo la costa.	Es gibt einen Wanderweg entlang der Küste.
Non ci sono dei sentieri segnati.	Es gibt keine markierten Wanderwege.
Dove trovo una guida alpina?	Wo finde ich eine(n) Bergführer(in)?
È molto ♂ ripido / ♀ ripida?	Ist es sehr steil?
Va spesso in palestra?	Gehen Sie oft ins Fitnessstudio?
Faccio allenamento a circuito.	Ich mache Zirkeltraining.
Cerco di allenarmi tre volte a settimana.	Ich versuche drei Mal die Woche zu trainieren.
Faccio regolarmente Pilates.	Ich gehe regelmäßig ins Pilates.
Vado ♂ matto / ♀ matta per la zumba.	Ich stehe total auf Zumba.
Mi piace ballare.	Ich tanze gern.
Faccio jogging.	Ich gehe joggen.
Pratico *l'atletica leggera / il nuoto*.	Ich *mache Leichtathletik / schwimme*.
Faccio pattinaggio in-line.	Ich gehe Inlineskaten.
Corro la maratona.	Ich laufe Marathon.
In inverno vado a *sciare / fare sci di fondo*.	Im Winter gehe ich *skifahren / langlaufen*.
Faccio *pattinaggio / slittino / curling*.	Ich gehe *Schlittschuh laufen / rodeln / Eisstock schießen*.

„Wandern" lässt sich nicht leicht übersetzen: *fare una passeggiata (in montagna)* oder *fare una scarpinata* kommen der deutschen Bedeutung am nächsten.

Gut zu wissen!
Wie bereits erwähnt, sind die Italiener keine großen Zeitungsleser. Sport(tages)zeitungen genießen aber eine Sonderrolle und über Sport zu reden ist wiederum der Lieblingssport der meisten Italiener.
Il calcio (der Fußball) spielt eine große Rolle in Italien. Die Spiele (*le partite*) der *serie A* (erste Bundesliga) werden meistens sonntags gespielt.

39 Arte e cultura
Kunst und Kultur

Quando *apre / chiude* il museo?	Wann *öffnet / schließt* das Museum?
Quando comincia la prossima visita guidata?	Wann ist die nächste Führung?
Avete un'audioguida in tedesco?	Haben Sie einen deutschsprachigen Audio-Führer?
È permesso fotografare?	Ist es erlaubt zu fotografieren?
L'esposizione speciale si inaugura domani.	Die Sonderausstellung eröffnet morgen.
Quanto costa il catalogo?	Was kostet der Katalog?
Posso portare dentro la mia borsa?	Kann ich meine Tasche mit reinnehmen?
A quale piano si trovano i quadri di Botticelli?	In welchem Stock sind die Gemälde von Botticelli?
È vietato toccare.	Nicht berühren.
Pensavo che fosse un'imitazione, invece è autentica.	Ich dachte, es wäre eine Attrappe, aber es ist echt.
Mi piacciono *i paesaggi / le nature morte / gli autoritratti*.	Ich mag *die Landschaften / die Stillleben / die Selbstporträts*.
Non ho grande simpatia per l'arte moderna.	Ich habe nicht viel übrig für moderne Kunst.
Facciamo una pausa e andiamo al caffè.	Lasst uns Pause machen und ins Café gehen.
Stasera vi farebbe piacere andare *all'opera / a teatro / a un concerto*?	Möchten Sie heute Abend *in die Oper / ins Theater / in ein Konzert* gehen?

Erdgeschoss = *pianterreno* erster / zweiter Stock = *primo / secondo piano*

Natura morta (Stillleben) heißt wortwörtlich „tote Natur".

Achtung bei den Präpositionen: *Andare a teatro*, aber *andare al cinema* und *andare al concerto*.

Ci incontriamo nel foyer.	Wir treffen uns im Foyer.
I biglietti di ingresso sono prenotati a mio nome.	Die Eintrittskarten sind auf meinen Namen reserviert.
Ci sono ancora biglietti?	Gibt es noch Karten?
In quale fila siamo?	In welcher Reihe sind wir?
Mi scusi, ma credo che Lei sia ♂ seduto / ♀ seduta al mio posto.	Entschuldigung, ich glaube, Sie sitzen auf meinem Platz.
Che cosa *danno / mettono in scena*?	Was *spielen sie / führen sie auf*?
Quando comincia lo spettacolo?	Wann beginnt die Aufführung?
C'è un intervallo?	Gibt es eine Pause?
È la *prima assoluta / prima*.	Es ist die *Uraufführung / Premiere*.

Theateraufführungen beginnen in Italien später als in Deutschland, in der Regel um 21 Uhr.

Ha avuto delle ottime recensioni.	*Er / Sie / Es* hat sehr gute Kritiken bekommen.
Chi è ♂ il / ♀ la regista?	Wer führt Regie?
Chi dirige?	Wer dirigiert?
La protagonista è stata fantastica.	Die Hauptdarstellerin war fantastisch.
È ♂ riuscito / ♀ riuscita a seguire l'azione?	Konnten Sie der Handlung folgen?
Chi ha scritto il pezzo?	Wer hat das Stück geschrieben?
L'acustica era stupenda.	Die Akustik war großartig.
Ci sono stati due bis.	Es gab zwei Zugaben.

Dirigent (eines Orchesters) = *direttore (d'orchestra)* *dirigente* = leitende(r) Angestellte(r)

> **Gut zu wissen!**
> Im Sommer finden überall in Italien tolle Opernfestspiele im Freien statt. Die *Arena di Verona* gehört zu den bekanntesten Opernschauplätzen der Welt. Auch viele kleinere Zentren bieten im Sommer höchsten Operngenuss unter freiem Himmel, so zum Beispiel das *Festival della Valle d'Itria* in Apulien, das *Festival Puccini* in Torre del Lago, das *Festival dei Due Mondi* in Spoleto oder das *Rossini Opera Festival* in Pesaro.

40 Cultura pop
Popkultur

Spätvorstellungen
(gegen 22.30 Uhr)
sind in italienischen
Großstädten stärker
besucht als in
Deutschland.

Avresti voglia di andare al cinema?	Hättest du Lust ins Kino zu gehen?
Potremmo andare a vedere il nuovo film di James Bond.	Wir könnten den neuen James-Bond-Film anschauen.
Non vado volentieri al cinema.	Ich gehe nicht so gern ins Kino.
Che cosa c'è al cinema?	Was läuft im Kino?
Dove lo danno?	Wo läuft er?
Le proiezioni sono alle 18.30, alle 20.30 e alle 22.30.	Vorführungen sind um 18.30, 20.30 und 22.30 Uhr.
Andiamo all'ultimo spettacolo?	Gehen wir in die Spätvorstellung?
Il film *è appena / non è ancora* uscito.	Der Film *läuft gerade an / ist noch nicht angelaufen*.
Che cosa c'è alla televisione?	Was läuft im Fernsehen?
Le critiche sono tutte molto positive.	Die Kritiken sind alle sehr positiv.
Questo film mi è piaciuto meno di quello precedente.	Dieser Film hat mir nicht so gut gefallen wie der vorige.
... è la mia serie televisiva preferita. Ho tutti gli episodi su DVD.	... ist meine Lieblingsserie. Ich habe alle Staffeln auf DVD.
Gli effetti speciali sono fantastici.	Die Spezialeffekte sind fabelhaft.
La fotografia è straordinaria.	Die Aufnahmen sind toll.
Il film ha avuto due nomination per l'Oscar.	Der Film wurde für zwei Oscars nominiert.

Conosci già l'ultimo giallo di …	Kennst du schon den neuesten Krimi von …
Non vedo l'ora che esca l'ultimo volume di …	Ich warte schon sehnsüchtig auf den nächsten Band von …
Sono un ♂ appassionato lettore / ♀ un'appassionata lettrice di fumetti francesi.	Ich bin ein Fan von französischen Comics.
L'ultimo videogioco di … ha una grafica incredibile.	Das neueste Game von … hat eine unglaubliche Grafik.
Conosci già l'ultima App Notizie?	Kennst du schon die neueste Nachrichten-App?
Ogni sabato c'è musica dal vivo.	Es gibt jeden Samstag Livemusik.
Avresti voglia di andare al concerto al jazzclub?	Hättest du Lust, auf den Gig im Jazz-Club zu gehen?
Vogliamo fare un giro per discoteche?	Wollen wir clubben gehen?
In quel locale ci sono dei dj straordinari.	Die Location hat erstklassige DJs.
Il single è arrivato al secondo posto della hit-parade.	Die Single hat es auf Platz zwei in den Charts geschafft.
È l'album di esordio della band.	Es ist das Debütalbum der Band.
Il suo ultimo single è stato un grande successo.	Ihre letzte Single war ein Megaerfolg.
Quest'estate fanno una tournée in Germania.	Sie sind diesen Sommer auf Tournee in Deutschland.
È stato uno spettacolo *eccezionale / proprio scadente*.	Es war ein *großartiger / ganz mieser* Auftritt.

Un giallo (ein Gelber) ist auf Italienisch ein Kriminalroman oder -film. Die Bezeichnung stammt von den ursprünglich gelben Einbänden einer beliebten Krimireihe.

fumetti = Comics
cartoni animati = Zeichentrickfilme

> **Gut zu wissen!**
> In Italien unterscheidet man zwischen *musica classica* (klassische Musik) und *musica leggera* (leichte Musik), ähnlich der Unterteilung in E- (ernste) und U- (unterhaltende) Musik in Deutschland.
> Die Liedermacher (*i cantautori e le cantautrici*) mit ihren *canzoni* (Liedern) spielen eine große Rolle und gehören zum kulturellen Gemeingut der Italiener.

K

Urlaub und Reise

die Ferien (Schule) =
*le vacanze
(scolastiche)*
der Urlaub (Beruf) =
le ferie (Plural!)
Urlaub machen =
*andare in vacanza /
fare le vacanze*

Die Wochentage
sind im Italienischen
männlich, bis auf *la
domenica* (Sonntag).
Man unterscheidet
zwischen *giorno
feriale* (Arbeitstag)
und *festivo* (Feier-
tag).

41 Progetti per le vacanze e racconti di viaggi
Urlaubspläne und Reiseberichte

Ha dei progetti per le vacanze?	Haben Sie Urlaubspläne?
Quando prendi le ferie quest'anno?	Wann nimmst du dieses Jahr deinen Urlaub?
Mi restano ancora dei giorni di ferie, quindi mi prendo mercoledì e giovedì liberi.	Ich habe noch Urlaub(stage) übrig, also nehme ich mir Mittwoch und Donnerstag frei.
La ditta resta chiusa fra Natale e Capodanno.	Die Firma schließt zwischen Weihnachten und Neujahr.
Giovedì è festivo, quindi mi prendo il venerdì di ponte e così faccio un fine settimana lungo.	Der Donnerstag ist (ein) Feiertag, also nehme ich mir Freitag als Brückentag und mache daraus ein langes Wochenende.
Facciamo una breve vacanza.	Wir machen einen Kurzurlaub.
Cerchiamo di evitare di partire durante le vacanze scolastiche.	Wir versuchen es zu vermeiden, in den Schulferien zu verreisen.
Abbiamo figli, quindi siamo legati alle vacanze scolastiche.	Wir haben Kinder, also sind wir an die Schulferien gebunden.
Buon viaggio.	Gute Reise.
Buone vacanze.	Schönen Urlaub.
Ci vediamo quando ritornate.	Wir sehen uns, wenn ihr wieder da seid.
Come sono andate le vacanze?	Wie war dein Urlaub?

Dove sei ♂ stato / ♀ stata?	Wo warst du?
Dove avete alloggiato?	Wo habt ihr gewohnt?
Quanto tempo siete ♂ stati / ♀ state in viaggio?	Wie lange wart ihr verreist?
Siamo ♂ andati / ♀ andate in aereo in Sardegna e abbiamo trascorso una settimana sulla Costa Smeralda.	Wir sind nach Sardinien geflogen und haben eine Woche an der Costa Smeralda verbracht.
Abbiamo preso in affitto un appartamento.	Wir haben eine Ferienwohnung gemietet.
Abbiamo alloggiato in *un bed and breakfast / un albergo / una pensione*.	Wir haben in *einem Privatzimmer / einem Hotel / einer Pension* gewohnt.
Abbiamo noleggiato un camper e siamo stati in giro per due settimane.	Wir haben ein Wohnmobil gemietet und sind zwei Wochen herumgereist.
Abbiamo preso una casa insieme a degli amici.	Wir haben mit Freunden zusammen ein Haus genommen.
Abbiamo prenotato un viaggio tutto compreso.	Wir haben eine Pauschalreise gebucht.
Abbiamo fatto una crociera.	Wir haben eine Kreuzfahrt gemacht.
Abbiamo girato il Sudamerica con zaino e sacco a pelo.	Wir haben Rucksackferien in Südamerika gemacht.
L'alloggio era così così, ma la spiaggia era proprio davanti a casa.	Die Unterkunft war so lala, aber der Strand war vor der Haustür.
Siamo ♂ stati / ♀ state sulla spiaggia senza far niente.	Wir haben einfach am Strand gefaulenzt.

eine Wohnung oder
ein Zimmer mieten =
prendere in affitto
ein Auto oder ein
Fahrrad mieten =
noleggiare oder
prendere a noleggio

das Wohnmobil =
il camper
der Wohnwagen =
la roulotte

Gut zu wissen!
Die Sommerferien dauern in Italien viel länger als in Deutschland (bis zu drei Monate). Dafür sind die Osterferien kürzer und Pfingst- bzw. Herbstferien gibt es in Italien nicht. Die Urlaubstage für Arbeitnehmer entsprechen ungefähr den deutschen Verhältnissen.

K

Urlaub und
Reise

42 In viaggio
Unterwegs

Vorrei un posto dal lato del *finestrino / corridoio*.	Ich hätte gern einen Platz am *Fenster / Gang*.
Lo posso portare a bordo come bagaglio a mano?	Darf ich das als Handgepäck mit an Bord nehmen?
Vorrei *cambiare / confermare* la prenotazione del volo.	Ich möchte meinen Flug *umbuchen / bestätigen*.
Sulla strada per l'aeroporto c'era la fila e ho perso il volo.	Es gab Stau auf dem Weg zum Flughafen und ich habe meinen Flug verpasst.
Il volo è in ritardo e non so se riuscirò a prendere il volo di coincidenza.	Der Flug ist verspätet und ich weiß nicht, ob ich meinen Anschlussflug noch bekomme.
Il volo è stato *annullato / cancellato*.	Der Flug ist annulliert worden.
Temo che Lei sia ♂ seduto / ♀ seduta al mio posto. Ho il 6B.	Ich fürchte, Sie sitzen auf meinem Platz. Ich habe 6B.
Non fa niente, magari mi siedo qui.	Macht nichts, ich setze mich stattdessen hierher.
La macchina ha un navigatore satellitare?	Hat das Auto (ein) Navi?
L'auto è a diesel o a benzina?	Ist das Auto ein Diesel oder ein Benziner?
Mi sa dire come posso arrivare a Ferrara?	Können Sie mir sagen, wie ich nach Ferrara komme?
Mi sono ♂ perso / ♀ persa.	Ich habe mich verfahren.
Dove possiamo trovare un parcheggio (gratuito)?	Wo können wir (kostenlos) parken?

Nicht verwechseln:
Ho preso il volo 471.
(Ich habe den Flug 471 genommen.)
Ho perso il volo.
(Ich habe den Flug verpasst).

Benzin ist in Italien meist teurer als in Deutschland. „Tankstelle" heißt *distributore di benzina* bzw. an Autobahnen *area di servizio*.

È sicuro lasciare la macchina qui?	Kann man sein Auto hier unbesorgt abstellen?
Ho un guasto.	Ich habe eine Panne.
Mi può chiamare il soccorso stradale?	Können Sie mir einen Pannendienst rufen?
Siamo in coda.	Wir stehen im Stau.
La strada è chiusa e c'è una deviazione.	Die Straße ist gesperrt und es gibt eine Umleitung.
Un biglietto di *sola andata / andata e ritorno* per Genova, per favore.	Eine *Einzelfahrkarte / Hin- und Rückfahrkarte* nach Genua, bitte.
Qual è il biglietto più conveniente?	Welche ist die günstigste Fahrkarte?
Da quale binario parte il treno per Torino?	Von welchem Bahnsteig geht der Zug nach Turin?
Il biglietto vale per tutta la rete?	Gilt die Fahrkarte im gesamten Netzbereich?
Non riesco a capire come funziona la biglietteria automatica. Mi può aiutare per gentilezza?	Ich komme mit dem Fahrkartenautomaten nicht zurecht. Können Sie mir bitte helfen?
Questo treno ferma a Pompei?	Hält dieser Zug in Pompei?
Questo autobus va a Lecce?	Fährt dieser Bus nach Lecce?
Mi può dire dove devo *scendere / cambiare*?	Können Sie mir sagen, wo ich *aussteigen / umsteigen* muss?

Sitzt man im Stau fest, dann sagt man *sono in fila, sono in coda* oder *sono bloccato / bloccata in un ingorgo*. *Fare la fila* bzw. *fare la coda* entsprechen dem Deutschen „Schlange stehen".

Achtung: Bevor Sie in Italien in den Zug einsteigen, müssen Sie das Ticket an den gelben Automaten am Gleis entwerten: *timbrare / obliterare il biglietto*. Sonst müssen Sie bei der Kontrolle mit einem Bußgeld rechnen.

Gut zu wissen!
Italien verfügt über ein gutes Bahnnetz und die meisten Städte und Gemeinden sind daran angebunden. Je nach Zugkategorie gelten unterschiedliche Tarife bzw. Zuschläge (*supplemento*); Tickets für Züge der höheren Klassen (z. B. *Eurostar* oder *Intercity*) werden nur noch zusammen mit einer Sitzplatzreservierung (*prenotazione*) verkauft. Der Kauf eines Tickets direkt beim Schaffner ist im Allgemeinen nicht möglich.

43 Escursioni e visite
Ausflüge und Besichtigungen

Viele nützliche Sätze zum Thema Unternehmungen gibt es auch in Kapitel 33.

Substantivierte Adjektive (z. B. etwas Interessantes) werden im Italienischen durch *di* + Adjektiv wiedergegeben: *qualcosa di nuovo* (etwas Neues) *niente di interessante* (nichts Interessantes).

Guida (Reiseführer) bezeichnet sowohl die Person als auch das Buch.

Stiamo qui per un paio di giorni ...	Wir sind ein paar Tage hier ...
... e vogliamo visitare delle attrazioni turistiche.	... und wollen uns ein paar Sehenswürdigkeiten anschauen.
... e vorremmo vedere qualcosa della *città / zona / regione*.	... und möchten etwas von der *Stadt / Gegend / Region* sehen.
Che cosa c'è da vedere e da fare qui in zona?	Was gibt es hier in der Gegend zu sehen und zu tun?
Mi può *consigliare / raccomandare* qualcosa?	Können Sie mir etwas *vorschlagen / empfehlen*?
C'è qualcosa di interessante da vedere lì?	Gibt es dort etwas Interessantes zu sehen?
Quali escursioni possiamo fare?	Welche Ausflüge können wir unternehmen?
Non siamo proprio dei grandi amanti della cultura.	Wir sind keine Kulturfanatiker.
I luoghi storici e le bellezze turistiche tradizionali non sono il nostro forte.	Wir haben es nicht so mit historischem Zeug und traditionellen Sehenswürdigkeiten.
Cerchiamo qualcosa *di un po' particolare / fuori dal comune*.	Wir suchen ein bisschen 'was *Besonderes / Schräges*.
Possiamo partecipare alla visita guidata?	Können wir eine Führung mitmachen?
Avete *dei prospetti informativi / una guida* in tedesco?	Haben Sie *Prospekte / einen Führer* auf Deutsch?

Quali sono gli orari di apertura?	Wie sind die Öffnungszeiten?
Quando comincia la prossima visita guidata?	Wann ist die nächste Führung?
È lontano?	Ist es weit (entfernt)?
Quanto tempo ci vuole (per arrivarci)?	Wie lange braucht man (um dahin zu kommen)?
Quanto tempo dura il giro in autobus?	Wie lange dauert die Busrundfahrt?
Quanto costa?	Wie viel kostet es?
Quanto costa il biglietto d'ingresso?	Was kostet der Eintritt?
Ci sono riduzioni per *bambini / studenti / anziani*?	Gibt es Ermäßigungen für *Kinder / Studenten / Senioren*?
C'è una celebre cattedrale.	Es gibt eine berühmte Kathedrale.
C'è un famoso *castello / monumento / museo / centro storico*.	Es gibt ein(e) bekannte(s) *Schloss / Denkmal / Museum / Altstadt*.
Attualmente si sta svolgendo un festival.	Zurzeit findet ein Festival statt.
C'è *un fiume / un parco nazionale / un'area naturale protetta*.	Es gibt ein(en) *Fluss / Nationalpark / Naturschutzgebiet*.
Ci sono escursioni in barca *lungo il canale / per l'isola*.	Es gibt Bootsausflüge *entlang dem Kanal / zur Insel hinaus*.
Con la bassa marea si può andare a piedi sull'isola.	Man kann bei Ebbe zur Insel laufen.

Die Öffnungszeiten der italienischen Museen können sich sehr stark von den deutschen unterscheiden. Die Nationalmuseen sind meistens montags geschlossen.

> **Gut zu wissen!**
> Kaum ein anderes Land weist so viele Sehenswürdig-keiten wie Italien auf. Für jeden Geschmack ist etwas dabei: Kulturfreunde können sich von archäologischen Ausgrabungen bis zu zeitgenössischer Architektur an zahlreichen Monumenten erfreuen. Und auch die Naturliebhaber kommen nicht zu kurz. Für beide ist Italien sicherlich *una delizia per gli occhi* (eine Freude für die Augen).

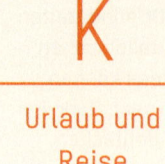

K

**Urlaub und
Reise**

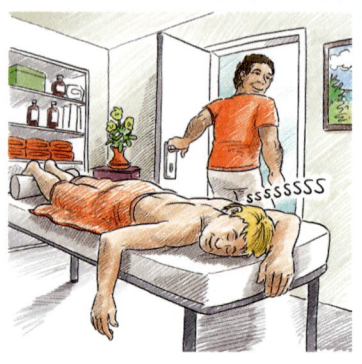

44 Benessere e relax
Wellness und Erholung

Thermalbäder gibt es
seit der Antike fast
überall in Italien.
Le terme (das
Thermalbad) steht
immer im Plural.

L'albergo ha *un centro benessere / una sauna / un bagno turco / una cabina a raggi infrarossi*?	Hat das Hotel *ein Wellness-Zentrum / eine Sauna / ein Dampfbad / eine Infrarotkabine*?
Avete una stanza per fare *yoga / meditazione*?	Haben Sie einen *Yoga- / Meditations*raum?
Ci sono dei bagni termali nelle immediate vicinanze?	Gibt es Thermalbäder in der näheren Umgebung?
Quali *massaggi / trattamenti cosmetici* offrite?	Welche *Massagen / Kosmetikanwendungen* bieten Sie an?
Offrite massaggi *Ayurveda / di agopressione / terapeutici*?	Bieten Sie *Ayurveda- / Akupressur- / medizinische* Massagen an?
Gli accappatoi e le ciabatte vengono messi a disposizione (gratuitamente)?	Werden Bademäntel und Badesandalen (kostenlos) zur Verfügung gestellt?
Devo portarmi un asciugamano?	Muss ich ein Handtuch mitbringen?
Quando apre *la sauna / il centro benessere / la piscina*?	Wann hat *die Sauna / der Wellnessbereich / der Pool* geöffnet?
Devo fissare un appuntamento?	Muss ich einen Termin vereinbaren?
Gradirei *una pedicure / una manicure / un fango / un trattamento anti-aging del viso / un peeling completo*.	Ich hätte gern *eine Pediküre / eine Maniküre / eine Fangopackung / eine Anti-Aging-Gesichtsbehandlung / ein Ganzkörper-Peeling*.

Vorrei prenotare il programma di disintossicazione.	Ich möchte gern das Entgiftungsprogramm buchen.
Ho un appuntamento per un massaggio.	Ich habe einen Termin für eine Massage.
Alle 11.30 ho un appuntamento per *una terapia agli aromi / un massaggio di riflessologia plantare.*	Ich habe um 11.30 Uhr einen Termin für *eine Aromatherapie / eine Fußreflexzonenmassage.*
Ho un buono per un bagno alle alghe marine.	Ich habe einen Gutschein für ein Meeresalgenbad.
Avete dei prodotti per la cura degli allergici?	Haben Sie Pflegeprodukte für Allergiker?
C'è anche una sauna riservata alle donne?	Gibt es auch eine Damensauna?
Per cortesia, faccia attenzione nel massaggiare il mio piede sinistro.	Seien Sie bitte vorsichtig, wenn Sie meinen linken Fuß behandeln.
Ho delle tensioni muscolari alla schiena.	Ich habe Muskelverspannungen im Rücken.
Ho dei dolori alla spalla destra.	Ich habe Schmerzen in der rechten Schulter.
Dopo aver fatto yoga sto sempre benissimo.	Nach dem Yoga geht es mir immer super.
Dopo un buon massaggio sono perfettamente ♂ rilassato / ♀ rilassata.	Nach einer guten Massage bin ich total entspannt.

Aus klimatischen Gründen sind Saunen in Italien seltener zu finden. Erkundigen Sie sich im Voraus nach den Saunaregeln, damit Sie nicht ins Fettnäpfchen treten.

Gut zu wissen!
Thermalquellen sind in ganz Italien verbreitet. Neben warmen Quellen (z. B. in der Gegend der *Colli Euganei*) und Schwefelquellen (z. B. in *Saturnia*) gibt es Mineralwasserquellen (z. B. *San Pellegrino*). Oft wird diese Art von „Wasser-Wellness" an diesen besonderen Orten schon seit der Antike geschätzt. Die meisten Thermalorte im heutigen Italien liegen in wunderschönen Landschaften und laden zum Entspannen ein. Diese Thermalkurorte galten in Italien lange Zeit als altmodisch, sind seit einiger Zeit aber wieder „in".

45 Telefonate private
Private Telefonate

Die übliche Antwort, wenn man einen Anruf annimmt, ist *pronto* (ohne den Familiennamen zu nennen).

Pronto, sono Martina. Chiamo dalla Germania.	Hallo, hier spricht Martina aus Deutschland.
Che bello risentirti.	Schön, wieder von dir zu hören.
Ma che bella sorpresa!	Das ist aber eine schöne Überraschung.
Quanto tempo è passato!	Das ist ja lange her.
È da tanto che non avevo tue notizie.	Ich habe eine ganze Weile nichts von dir gehört.
Allora, come va?	Nun, wie geht's denn so?
Chiamo perché …	Ich rufe an, weil …
Ho in progetto di venire *in Italia / a Roma.*	Ich plane *nach Italien / nach Rom* zu fahren.
Mi farebbe piacere farti una visita.	Ich würde dich gerne besuchen.
Volevo semplicemente farti un saluto.	Ich wollte einfach hallo sagen.
Mi sento quasi in colpa perché non mi sono ♂ fatto vivo / ♀ fatta viva.	Ich habe fast ein schlechtes Gewissen, weil ich mich nicht gemeldet habe.
Ma figurati!	Kein Problem.
Ciao, sono io.	Hallo, ich bin's.
Hai un attimo?	Hast du einen Moment?
Hai tempo adesso?	Passt es dir jetzt?
Spero di non disturbarti adesso.	Ich hoffe, ich störe nicht gerade.
C'è Grazia? Le posso parlare un momento?	Ist Grazia da? Kann ich kurz mit ihr sprechen?

Das Verb *visitare*: *Paolo visita un museo.* (Paolo besucht / besichtigt ein Museum.) *Il medico visita il paziente.* (Der Arzt untersucht den Patienten.) Wenn man einen Freund besucht, sagt man: *fare visita a un amico* oder *andare a trovare un amico.*

Mi dispiace, non c'è.	Tut mir leid, sie ist nicht da.
Ma la trovi sul cellulare.	Aber du erreichst sie auf ihrem Handy.
Le puoi dire di richiamarmi?	Kannst du sie bitten, mich zurückzurufen?
È un po' difficile in questo momento. Posso richiamare?	Es passt im Moment nicht so gut. Kann ich zurückrufen?
Fino a che ora posso chiamare?	Bis wann kann ich anrufen?
Sono a casa. Mi puoi chiamare sul fisso? Hai il numero?	Ich bin zu Hause. Kannst du mich auf dem Festnetz anrufen? Hast du die Nummer?
Ho un nuovo numero di cellulare.	Ich habe eine neue Handynummer.
La mia batteria si sta scaricando.	Mein Akku geht zu Ende.
Non c'è molto campo.	Ich habe kein sehr gutes Signal.
Mi dispiace, ma improvvisamente è caduta la linea.	Tut mir leid, du warst auf einmal weg.
Non ti sento bene.	Ich höre dich nicht gut.
Io ti sento bene. Tu mi senti?	Ich höre dich gut. Kannst du mich hören?
Riattacco e ti richiamo.	Ich lege auf und rufe dich noch einmal an.

Neben *il cellulare* verwenden die Italiener sehr oft *il telefonino* für „das Handy".
il (telefono) fisso = das Festnetz

„jemanden anrufen" auf Italienisch: *chiamare qualcuno: Lucia chiama Marco.* (Lucia ruft Marco an.) Aber: *telefonare a qualcuno: Mario telefona a Maria.* (Mario ruft Maria an.)

> **Gut zu wissen!**
> Wie in vielen anderen Sprachen, hat auch im Italienischen der größte Anbieter von Internet-Telefonie – Skype™ – den entsprechenden Wortschatz geprägt: „skypen" heißt auf Italienisch *skypare*. Mit italienischen Freunden verabreden Sie sich folgendermaßen (via Chat oder SMS) zum Skypen: *Stasera skypiamo?* (Skypen wir heute Abend?) oder *Skypiamo? Il mio account / nome è Hueby85737.* (Wollen wir skypen? Mein Skype-Name ist Hueby85737.)

46 Telefonate d'affari
Geschäftliche Telefonate

In Italien ist es auch in den Firmen nicht üblich, dass die Angestellten sich mit ihrem Nachnamen melden. Oft hört man nur den Vornamen.

Ortofrutta, buon giorno. Posso esserLe di aiuto?	Guten Tag, Ortofrutta. Wie kann ich Ihnen helfen?
Olivieri Italia. Il mio nome è Martina (Rossi).	Olivieri Italia. Martina (Rossi) am Apparat.
Sono Bernd Meyer, chiamo da Amburgo.	Hier spricht Bernd Meyer, ich rufe aus Hamburg an.
Sono Marco Fabbri della ditta Retemax.	Hier ist Marco Fabbri von der Firma Retemax.
Vorrei parlare con Maria Bianchi per cortesia.	Ich würde gern mit Maria Bianchi sprechen.
Attenda un momento. ♂ Glielo / ♀ Gliela passo.	Einen Moment, bitte. Ich stelle Sie durch.
C'è Francesco? – Un momento. Glielo passo.	Ist Francesco da? – Einen Augenblick. Ich hole ihn.

das Unternehmen, die Firma = *la ditta, l'impresa, l'azienda* Achtung: *la firma* = die Unterschrift

Una collega mi ha fatto il Suo nome.	Ihren Namen habe ich von einer Kollegin.
La Sua ditta mi è stata raccomandata.	Ihr Unternehmen ist mir empfohlen worden.
Ci siamo ♂ conosciuti / ♀ conosciute alla fiera di Monaco.	Wir haben uns auf der Messe in München kennengelernt.
Che cosa posso fare per Lei?	Was kann ich für Sie tun?
Posso chiedere di che cosa si tratta?	Darf ich fragen, worum es geht?
Chiamo per il Vostro ultimo ordine.	Ich rufe wegen Ihrer letzten Bestellung an.
Sto provando a chiarire un problema relativo all'ultimo pagamento.	Ich versuche, ein Problem mit der letzten Zahlung in Ordnung zu bringen.

Vorrei fissare *un appuntamento / un incontro*.	Ich möchte *einen Termin / ein Treffen* vereinbaren.	Für „Arbeitstreffen" sagt man auch oft *riunione (di lavoro)* und nicht selten hört man auch *un meeting*.
Lei è ♂ il / ♀ la responsabile (per questo)?	Sind Sie (dafür) zuständig?	
Se resta in linea un momento, trovo qualcuno che La può aiutare.	Wenn Sie einen Moment dranbleiben, finde ich jemanden, der Ihnen helfen kann.	
Le do il mio numero. Il prefisso internazionale è 0049, quello di Monaco 89 e il mio numero è …	Ich gebe Ihnen meine Nummer. Die Ländervorwahl ist 0049, die Vorwahl für München 89, und meine Nummer ist …	
Purtroppo non ho capito tutto bene.	Das habe ich leider nicht ganz mitbekommen.	Viele weitere nützliche Sätze um sicherzugehen, ob man alles verstanden hat, finden Sie in Kapitel 7. Und wenn's mal an der Verbindung hapert, werfen Sie einen Blick auf die Seite 95 im vorangegangenen Kapitel.
Purtroppo è caduta la linea.	Die Verbindung wurde leider unterbrochen.	
La prego di scusare il ritardo.	Bitte entschuldigen Sie die Verzögerung.	
Purtroppo c'è stato un imprevisto. Devo *rinviare / disdire* il nostro appuntamento.	Es ist leider etwas dazwischen gekommen. Ich muss unseren Termin *verschieben / absagen*.	
È stata cancellata un'altra riunione, quindi potremmo anticipare il nostro incontro.	Eine andere Sitzung fällt aus, wir könnten unser Treffen also vorziehen.	

Gut zu wissen!
Beachten Sie die folgenden Besonderheiten für Anrufe aus dem Ausland nach Italien.
Festnetz: Die Null am Anfang der Ortsvorwahl muss mitgewählt werden, z. B. *0039 02* … für Mailand. Auch bei Ortsgesprächen innerhalb Italiens muss die Ortsvorwahl stets mitgewählt werden.
Mobiltelefone: Die Null am Anfang der Netzvorwahl wird nicht mitgewählt, z. B. *0039 338* …

L

Am Telefon

47 Lasciare un messaggio
Eine Nachricht hinterlassen

La signora Bergman purtroppo non è raggiungibile. È …	Frau Bergman ist leider nicht erreichbar. Sie ist …
… in una riunione / in viaggio di lavoro / impegnata.	*… in einer Sitzung / auf Geschäftsreise / beschäftigt.*
… in pausa pranzo / fuori stanza / fuori sede.	*… in der Mittagspause / nicht an ihrem Platz / außer Haus.*
Posso lasciare detto qualcosa?	Kann ich etwas ausrichten?
Vuole lasciare un messaggio?	Wollen Sie eine Nachricht hinterlassen?
Deve richiamare lei?	Soll sie zurückrufen?
Sì, grazie. Sarebbe molto gentile.	Ja, bitte. Das wäre sehr nett.
Riprovo più tardi.	Ich versuche es später noch einmal.
Sarà un po' difficile raggiungermi.	Ich werde etwas schwer zu erreichen sein.
(Adesso) ho una serie di riunioni.	Ich habe (jetzt) eine Reihe von Sitzungen.
A che ora sarà di ritorno?	Um wie viel Uhr wird sie wieder da sein?
Potrebbe riprovare magari fra mezzora.	Sie könnten es vielleicht in einer halben Stunde versuchen.
Purtroppo non sono ♂ sicuro / ♀ sicura quando sarà di ritorno.	Ich bin mir leider nicht sicher, wann sie wieder da sein wird.

Verwechseln Sie bitte nicht *fra un'ora* (in einer Stunde) und *in un'ora* (innerhalb einer Stunde).

Potrebbe lasciargli detto magari che ho telefonato?	Könnten Sie ihm einfach ausrichten, dass ich angerufen habe?
Potrebbe pregarlo di darmi un colpo di telefono?	Würden Sie ihn bitten, sich bei mir zu melden?
Ha il Suo numero?	Hat er Ihre Nummer?
È il numero che vedo qui sul display?	Ist es die Nummer hier auf meinem Display?
Un momento. Devo prendere qualcosa da scrivere.	Einen Moment. Ich muss etwas zum Schreiben holen.
Bene, prosegua pure.	Gut, bitte fahren Sie fort.
Mi scusi, ha detto 9609?	Entschuldigung, war das 9609?
Mi scusi, ha detto P come Palermo?	Entschuldigung, sagten Sie P wie Paula?
Posso ripeterlo?	Kann ich das wiederholen?
Questa è la segreteria (telefonica) di Rebecca. Sono in viaggio fino al 27 maggio.	Hier ist Rebeccas Sprachbox. Ich bin bis zum 27. Mai verreist.
Sono Michele Miccoli e ho un messaggio per Sandra Rossi. Potrebbe guardare le sue e-mail e mettersi in contatto con me?	Hier spricht Michele Miccoli mit einer Nachricht für Sandra Rossi. Könnte sie bitte ihre E-Mails ansehen und sich mit mir in Verbindung setzen?
Per sicurezza ripeto il mio numero: …	Hier vorsichtshalber noch einmal meine Nummer: …
Ciao Roberto, sono Lisa. Sono qui fino alle 19 circa.	Hallo Roberto, hier spricht Lisa. Ich bin bis etwa 19.00 Uhr hier.

Zum Buchstabieren siehe auch die hintere Umschlaginnenseite.

Verwechseln Sie bitte nicht *la segreteria telefonica* (Anrufbeantworter) mit *la segretaria* (die Sekretärin).

> **Gut zu wissen!**
> Zum Buchstabieren von Wörtern und Namen, verwendet man im Italienischen zumeist Städtenamen: *A come Ancona, B come Bologna, C come Cagliari …* Eine komplette Auflistung finden Sie im Anhang.
> Um Akzente anzugeben sagt man z. B. *é acuto* (e mit steigendem Akzent) oder *è grave* (e mit fallendem Akzent). Das Apostroph heißt auf Italienisch *apostrofo*.

L

Am Telefon

Nützliche Sätze für den Besuch im Restaurant stehen in Kapitel 34.

Mit den Pizzen, wie Sie sie von Ihrem heimischen Italiener kennen, kommen Sie natürlich auch in Italien zurecht: *funghi e prosciutto* (Pilze und Schinken), *Quattro formaggi* (Vierkäsepizza) etc.

Nicht vergessen:
ci vuole + Singular:
ci vuole un'ora (man braucht eine Stunde)
ci vogliono + Plural:
ci vogliono venti minuti (man braucht 20 Minuten)

48 Prenotare e ordinare
Reservieren und bestellen

Vorrei prenotare un tavolo.	Ich möchte einen Tisch reservieren.
Un tavolo per quattro persone alle 19.30.	Ein Tisch für vier Personen um 19.30 Uhr.
A che nome, per cortesia?	Auf welchen Namen bitte?
Purtroppo è tutto prenotato.	Wir sind leider ausgebucht.
Prima delle 21 non posso offrirLe niente.	Das Früheste, was ich anbieten kann, ist 21.00 Uhr.
Non c'è proprio più niente di libero?	Ist wirklich gar nichts mehr frei?
Vorrei ordinare qualcosa da mangiare.	Ich möchte etwas zum Essen bestellen.
Due pizze Quattro Stagioni per favore.	Zwei Pizza Quattro Stagioni bitte.
Il numero 37 e il 69, per cortesia.	Die Nummer 37 und die 69, bitte.
Per favore consegni il pranzo in via Mazzini 39 presso Maiani.	Bitte liefern Sie das Mittagessen in die Via Mazzini 39 zu Maiani.
Mi può dare il Suo numero di cellulare, per favore?	Kann ich bitte Ihre Handynummer haben?
Ci vogliono circa 40 minuti. Il pagamento è alla consegna.	Es dauert circa 40 Minuten. Bezahlung bei Lieferung.
Vorrei prenotare un taxi per domattina alle cinque.	Ich möchte ein Taxi bestellen für morgen früh um fünf.
Per domani mattina, per l'aeroporto.	Für morgen früh, zum Flughafen.

Quattro persone e bagagli.	Vier Personen und Gepäck.
Com'è l'indirizzo?	Wie lautet die Adresse?
Mi dica per favore il nome esatto della via e il numero civico.	Sagen Sie mir bitte die genaue Straße und Hausnummer.
Quanto tempo ci vorrà all'incirca?	Wie lange werden wir voraussichtlich brauchen?
Vorrei essere lì al più tardi alle 7.15.	Ich möchte bis spätestens 7.15 Uhr dort sein.
Passano a prenderLa alle 6.30.	Sie werden um 6.30 Uhr abgeholt.
Avete una camera libera per stanotte?	Haben Sie ein freies Zimmer für heute Nacht?
Quando arriverà più o meno?	Wann werden Sie in etwa ankommen?
Due biglietti per la rappresentazione del «Rigoletto» di stasera.	Zwei Karten für die Vorstellung von „Rigoletto" heute Abend.
Il Suo nome e i dati della Sua carta di credito, per cortesia.	Ihr Name und Ihre Kreditkartenangaben bitte.
Avete ancora dei biglietti per stasera?	Haben Sie noch Karten für heute Abend?
Ho due posti uno accanto all'altro nella fila 14 e nel primo ordine di palchi.	Ich habe zwei Plätze zusammen in Reihe 14 und im ersten Rang.
Da dove si vede meglio *il palcoscenico / lo schermo*?	Wo haben wir die beste Sicht auf *die Bühne / die Leinwand*?
Prendiamo quelli nel palco.	Wir nehmen die im Rang.

Nicht verwechseln:
via = Straße in einem Ort
strada = Straße außerhalb von Ortschaften

Zum Thema Hotel bzw. Unterkunft siehe auch Kapitel 36.

Gut zu wissen!

La lirica oder auch *l'opera lirica* heißt die Oper (gemeint ist die Aufführung). Das entsprechende Gebäude heißt *teatro dell'Opera* oder *teatro lirico*. Die Grundbedeutung von *opera* lautet „Werk", der Oberbegriff Oper bzw. *opera* für das musikalische Bühnenwerk ist aus *opera in musica* (musikalisches Werk) entstanden.
Die meisten musikalischen Fachtermini im Deutschen haben italienische Wurzeln: *soprano, tenore, cantabile, …*

M

Medien und Kommunikation

Die folgenden Einträge sind zur besseren Orientierung in alphabetischer Reihenfolge (italienische Spalte) angegeben.

49 SMS e messaggini
SMS und Messaging

amò = amore	Liebe / Liebling
amxse = amore per sempre	ewige Liebe
ap = a presto	bis bald
ba = bacio	Kuss
ba&ab = baci e abbracci	Küsse und Umarmungen
bn = bene / buonanotte	gut / gute Nacht
cel = cellulare	Handy
cmq = comunque	wie auch immer / trotzdem
cpt = capito	verstanden
cvd = ci vediamo dopo	wir sehen uns später
dmn / dom = domani	morgen
dv? = dove?	wo? / wohin?
dv6? = dove sei?	wo bist du?
dx = destra	rechts
fdv = felice di vederti	freue mich, dich zu sehen
frs = forse	vielleicht
gdg = giù di giri	deprimiert / down
grz = grazie	danke
hobidite = ho bisogno di te	ich brauche dich
int = interessante	interessant
ke? = che?	was?
ki? = chi?	wer?
midi = mi dispiace	tut mir leid
mmt = mi manchi tanto	ich vermisse dich sehr
msg = messaggio	Nachricht / SMS

np = nessun problema	kein Problem	
prox = prossimo	nächster	
qlq = qualcuno	jemand	
qls = qualcosa	etwas	
risp = rispondimi	antworte mir	
sdg = su di giri	aufgeregt	
se# = settimana	Woche	
sl = solo	allein / nur	
sx = sinistra	links	
ta(t) = ti amo (tanto)	ich liebe dich (sehr)	
tipe = ti penso	ich denke an dich	
t tel + trd = ti telefono più tardi	ich rufe dich später an	
tv(t)b = ti voglio (tanto) bene	ich hab dich (sehr) lieb	
vng dp = vengo dopo	ich komme später	
x = per	für / wegen	
xh = per ora	im Moment	
xfort1 = per fortuna	zum Glück	
xfv = per favore	bitte	
xké = perché(?)	weil / warum?	
x me = per me	für mich / meiner Meinung nach	
xò = però	aber	
xxx = tanti baci	viele Küsse	

In Kapitel 50 finden Sie viele weitere Abkürzungen, die auch beim Simsen verwendet werden können.

Tanto bzw. *t* können Sie beliebig wiederholen: *tvtttb = ti voglio tanto tanto tanto bene*

X ist dem Mal-Zeichen aus der Mathematik entlehnt, auf Italienisch *per*: *8 x 4 = otto **per** quattro*

Gut zu wissen!
Die Abkürzungen in Kurznachrichten – *sms* oder *messaggino* – werden meist aus den Anfangsbuchstaben mehrerer Wörter gebildet oder stellen Wörter dar, die lautmalerisch durch Zahlen bzw. Symbole ersetzt und/ oder ohne Vokale dargestellt werden. Die Zahl sechs z. B. steht für *sei* = sechs oder für *sei* = du bist. Die Kreativität in diesem Bereich ist sehr groß: *80fame = ho tanta fame* (ich habe großen Hunger).

50 Chattare e social network
Chatten und soziale Netzwerke

Viele der in Kapitel 49
genannten Kürzel
werden natürlich
auch in Chats und
Posts verwendet.

Mit @ machen Sie
deutlich, an wen
Sie sich richten:
*@ Marco: Hai tempo
domani?* Das Symbol
@ übersetzt man
meist mit *chiocciola*
(Schnecke).

Vieni in chat su facebook.	Komm in den Facebook-Chat.
Ti va di chattare?	Willst du chatten?
Chattiamo dopo.	Wir chatten später.
Domani chat su google?	Morgen Google-Chat?
Posta l'articolo sul tuo account.	Poste den Artikel auf deiner Seite.
Condividi questo link.	Teile diesen Link.
È apparso nel mio (news) feed.	Es erschien in meinem News Feed.
@ = per	an / für
asp = aspetta	warte
bf = buona fortuna	viel Glück
cc = ciao ciao	tschüss
cm? = come?	wie?
c6? = ci sei?	bist du da?
cved = ci vediamo	man sieht sich
da dove dgt? = da dove digiti?	von wo schreibst du?
di dv 6? = di dove sei?	woher kommst du?
faqkev = fai quello che vuoi	mach, was du willst
fb = facebook	Facebook
fli? = flirtiamo?	wollen wir flirten?
ke ca… = che cazzo	was zum Teufel?
ke fai? = che fai?	was machst du so?
-male = meno male!	Gott sei Dank!

Vorsicht: sehr vulgär!

non in linea	(bin) nicht am Computer
nn so = non so	weiß nicht
nnt = niente	nichts
no prob = nessun problema	kein Problem
npdv = non perdiamoci di vista	lass uns nicht aus den Augen verlieren
nss1 = nessuno	niemand
pbl = pubblico	öffentlich
+o- = più o meno	mehr oder weniger
prv = privato	privat
riciao = di nuovo ciao	hallo nochmal
ris(s) = rispondi subit(issim)o	antworte sofort
scs = scusa	entschuldige
2° me = secondo me	meiner Meinung nach
6 m o f? = sei maschio o femmina?	bist du Mann oder Frau?
sxo = spero	ich hoffe
tt = tutto / tutta / tutti / tutte	alle(s)
ttp = torno tra un po'	bin bald zurück
vbb = vabbè (= va bene)	in Ordnung
xes = per esempio	zum Beispiel
xoxo = baci e abbracci	Küsse und Umarmungen
zzz = mi fai venire sonno	du langweilst mich

Das x steht für die Küsse und das o für die Umarmungen.

Gut zu wissen!
Die Sprache in den sozialen Netzwerken ist bunt, fantasievoll und im ständigen Wandel. Viele neue Wortschöpfungen haben wir diesen Online-Foren zu verdanken:
postare = posten, d. h. einen Beitrag veröffentlichen
il (pulsante) «*mi piace*» = der „Gefällt-mir-Knopf" bei Facebook
cliccare su «*mi piace*» = liken, d. h. den „Gefällt-mir-Knopf" drücken

M

Medien und Kommunikation

51 Scrivere mail e scambiare dati digitali
Mailen und digitale Daten austauschen

eine E-Mail = *una mail* oder *un'e-mail*
die E-Mail-Adresse = *l'indirizzo elettronico* oder *l'indirizzo mail*

Gentile *signor / signora* Bianchi,	Sehr geehrte(r) *Herr / Frau* Bianchi,
Caro Giacomo / Cara Patrizia,	*Lieber Giacomo / Liebe Patrizia,*
Ciao Roberto,	Hallo Roberto,
Grazie per *il Suo messaggio / la Sua e-mail*.	Danke für *Ihre Nachricht / Ihre E-Mail*.
Questa è solo una breve mail per informarLa della situazione attuale.	Dies ist nur eine kurze Mail um Sie über den aktuellen Stand zu informieren.
Allego il file corrispondente.	Ich hänge die betreffende Datei an.
I dettagli precisi si trovano nel PDF in allegato.	Die genauen Einzelheiten sind in der angehängten PDF.
Purtroppo ha dimenticato l'allegato.	Sie haben leider den Anhang vergessen.
Ti giro la mail di mia sorella.	Ich leite dir die E-Mail von meiner Schwester weiter.
Purtroppo non riesco ad aprire il file.	Ich kann leider die Datei nicht öffnen.
Puoi *rispedirmelo / provare in un altro formato*?	Kannst du *sie noch einmal senden / ein anderes Format probieren*?
Metto in copia Anna Fabbri perché …	Ich setze Anna Fabbri CC, weil …
La potrebbe inoltrare a tutti gli interessati?	Würden Sie das bitte an alle Betroffenen weiterleiten?
È strettamente confidenziale.	Dies ist streng vertraulich.
Riguarda solamente noi due.	Das geht nur uns beide an.

La prego di volermi scusare se rispondo solo oggi.	Bitte entschuldigen Sie, dass ich erst heute antworte.
Resto in attesa di un Suo sollecito riscontro.	Ich freue mich, bald von Ihnen zu hören.
Non esiti a contattarmi se ci fossero problemi.	Bitte melden Sie sich, falls es Probleme gibt.
Cordiali saluti	Mit freundlichen Grüßen
Con i migliori auguri	Mit den besten Wünschen
Guardalo su YouTube. Ecco il link.	Schau dir das auf YouTube an. Hier (ist) der Link.
Questo è l'indirizzo del sito Web.	Das ist die Webadresse.
Carico le foto sul server.	Ich lade die Fotos auf den Server hoch.
Carico le foto sulla mia *nuvola / cloud* e le condivido con te.	Ich lege die Fotos in meine Cloud und gebe sie für dich frei.
Ho problemi con il login.	Ich habe Probleme, mich einzuloggen.
Nella password fare sempre attenzione a maiuscole e minuscole.	Beim Passwort auf Groß- und Kleinschreibung achten.
Compare sempre questo segnale di errore.	Ich bekomme ständig diese Fehlermeldung.
L'ultimo update è già installato?	Ist das neueste Update schon installiert?
Hai già sincronizzato?	Hast du schon synchronisiert?

Mittlerweile hört man auch:
loggarsi = sich einloggen
sloggarsi = sich ausloggen
downloadare (statt *scaricare*) = downloaden
uploadare (statt *caricare*) = uploaden

Gut zu wissen!
So lauten die gängigen Symbole und Kürzel in E-Mail- und Web-Adressen:

@ = *chiocciola*	.it = *punto it*
- = *trattino*	_ = *trattino basso*
/ = *barra* oder *slash*	\ = *barra inversa* oder *backslash*

Übrigens: www wird *vuvuvu* ausgesprochen.

M

Medien und Kommunikation

52 Scrivere lettere e cartoline
Briefe und Karten schreiben

Wendet man sich an eine Dame, bevorzugt man die Form *Gentile signora,* wendet man sich an einen Herrn dann *Egregio signor* gefolgt vom Familiennamen.

Gentile signora Rossi,	Sehr geehrte Frau Rossi,
Egregio signor Bianchi,	Sehr geehrter Herr Bianchi,
All'attenzione di (all'att. di) …	Zu Händen (z. Hd.) …
Gentili signori,	Sehr geehrte Damen und Herren,
Scrivo per …	Ich schreibe, um …
… informarmi se …	… mich zu erkundigen, ob …
… ringraziarLa per …	… Ihnen für … zu danken.
… confermare che …	… zu bestätigen, dass …
… farLe sapere che …	… Sie von … zu unterrichten.
Con riferimento alla nostra conversazione telefonica di mercoledì scorso …	In Bezugnahme auf unser Telefongespräch vom letzten Mittwoch …
Mi fa piacere poterLe comunicare che …	Ich freue mich, Ihnen sagen zu können, dass …
Sono spiacente doverLe comunicare che …	Ich bedaure, Ihnen mitteilen zu müssen, dass …
Chiedo scusa per tutti *i fastidi / gli inconvenienti* causati.	Ich entschuldige mich für jegliche Unannehmlichkeiten, die Ihnen entstanden sind.
Per ulteriori domande resto sempre a Sua disposizione.	Für weitere Fragen stehe ich Ihnen jederzeit zur Verfügung.
Cordiali / Distinti saluti.	Mit freundlichen Grüßen,

Natürlich beschränken sich diese Satzbeispiele nicht auf Briefe. Sie können sie ebenso gut in formellen E-Mails verwenden.

Con i migliori saluti.	Mit freundlichen Grüßen,
Salve da Rimini!	Hallo aus Rimini!
Ci stiamo divertendo moltissimo.	Wir haben eine tolle Zeit.
Il tempo è *fantastico / orribile*.	Das Wetter ist *fantastisch / schrecklich*.
La spiaggia è meravigliosa.	Der Strand ist hervorragend.
La gente è davvero gentile.	Die Menschen sind wirklich freundlich.
Il lavoro non mi manca per niente.	Die Arbeit fehlt mir kein bisschen.
Abbiamo visto molte cose e abbiamo speso troppi soldi.	Wir haben viel gesehen und viel zu viel Geld ausgegeben.
Spero che stiate tutti bene.	Ich hoffe, bei euch ist alles in Ordnung.
Ci farà piacere rivedervi al nostro ritorno.	Wir freuen uns schon auf euch, wenn wir wieder da sind.
Grazie di nuovo di occuparti *del gatto / delle piante*.	Danke noch einmal, dass du dich um *die Katze / die Pflanzen* kümmerst.
Passa un bel compleanno!	Genieß deinen Geburtstag!
Ti auguro una buona giornata!	Ich wünsche dir einen schönen Tag.
Ti pensiamo.	Wir denken an dich.
Ci facciamo sentire.	Wir melden uns.

Formelle Briefschlüsse haben mittlerweile ihre sprachliche Schwere abgelegt und vereinfachte Formen wie *(La saluto) Cordialmente* haben sich durchgesetzt.

Standardwendungen für Grußkarten finden Sie auch in Kapitel 21. Und die richtigen Worte für weniger fröhliche Anlässe finden Sie in Kapitel 22.

Gut zu wissen!
Der enorme Einfluß der neuen Medien hat dazu geführt, dass auch die schriftlichen Umgangsformen im Italienischen weniger förmlich geworden sind. Versuchen Sie bei neuen Kontakten aber, sich eher formell als zu umgangssprachlich auszudrücken, um nicht ins Fettnäpfchen zu treten.

KÖRPERSPRACHE UND GESTEN

„Wenn ein Italiener nicht mit beiden Händen spricht, telefoniert er." 😉
Verallgemeinerungen sind immer schwierig und riskant, aber insgesamt kann
man sagen, dass Italiener zu jedem Anlass im Sozialleben auf eine vielfältige
Varietät an Gesten und Gesichtsausdrücken zurückgreifen.
Natürlich gibt es auch hier innerhalb Italiens Unterschiede: Gelten z. B. die
Turiner als distanziert und zurückhaltend, so werden die Neapolitaner im
Allgemeinen als ausdrucksstark und reich an Gesten empfunden. Sozialer
Status und kulturelles Niveau spielen dabei auch eine sehr große Rolle.

Die interkulturellen Unterschiede in der Körpersprache, können zu falschen
Interpretationen und Missverständnissen führen. Seien Sie mit fremden
Gesten also lieber zurückhaltend, um nicht ins Fettnäpfchen zu treten oder
andere gar zu verärgern.

Weit verbreitete Gesten in Italien

Diese Geste bedeutet: *Ma che cosa vuoi?* (Was
willst du?) Dabei werden die Fingerspitzen
einer Hand zusammen an den Daumen
geführt und die Hand dann aus dem Hand-
gelenk nach vorne und hinten bewegt. Die
Geste drückt auf nicht sehr elegante Weise
aus, dass man etwas nicht verstanden hat
oder man sich gestört fühlt.

Die gekreuzten Finger (Zeigefinger und
Mittelfinger) sollen Glück wünschen:
Buona fortuna! (Viel Glück!) In den
deutschsprachigen Ländern ist es in
diesem Fall üblich, die Daumen zu
drücken und nicht die Finger zu kreuzen.

Wenn die leicht gekrümmte Hand (Hand-
fläche nach unten, Finger zum Sprecher) am
Kinn schnell von hinten nach vorne bewegt
wird, bedeutet das: *Non mi interessa per niente*.
(Das ist mir so was von egal.) Diese Geste gilt
als recht ordinär.

Der rechte Arm ist halb gebeugt und die
Hand bewegt sich von unten nach oben. Je
nach Kontext *È ora di andare*. (Es ist Zeit zu
gehen.) oder – nicht besonders elegant –
Vattene! (Hau ab!).

Der rechte Arm ist halb gebeugt und mit
dem Zeigefinger wird eine kreisende
Bewegung gemacht: *Ci vediamo dopo*.
(Wir sehen uns später.)

Wenn Daumen und Zeigefinger aneinander
gerieben werden bedeutet das: *Costa molto*.
(Das ist teuer.)

PERSONALPRONOMEN UND -ENDUNGEN: DU, SIE, IHR

Die folgenden Tabellen geben nur die 2. (du) und 3. Person Singular (Sie) sowie die 2. Person Plural (ihr, Sie) wieder. Sie dienen als kleine Hilfe, die Sätze der Hauptkapitel je nach Ansprechpartner und Situation (formell oder informell) zu verändern.

Pronomen	Singular		Plural
Subjektpronomen	*tu* (du)	*Lei* (Sie)	*voi* (ihr, Sie)
dir. Objektpronomen	*ti* (dich)	*La* (Sie)	*vi** (euch, Sie)
indir. Objektpronomen	*ti* (dir)	*Le* (Ihnen)	*vi** (euch, Ihnen)
Reflexivpronomen	*ti* (dich)	*si* (sich)	*vi** (euch, sich)
Possessiva	*il tuo*** (dein)	*il Suo*** (Ihr)	*il vostro*** (euer, Ihr)

*Großschreibung in der Höflichkeitsform / ** je nach Geschlecht/Numerus anpassen

Präsens	*-are*	*-ere*	*-ire****	*avere*	*essere*
du	*parli*	*vedi*	*apri*	*hai*	*sei*
Sie	*parla*	*vede*	*apre*	*ha*	*è*
ihr, Sie	*parlate*	*vedete*	*aprite*	*avete*	*siete*

*** Verben auf *-ire* mit Stammerweiterung: *finisci, finisce, finite*

Das **passato prossimo** setzt sich zusammen aus den Hilfsverben *avere* oder *essere* und dem Partizip Perfekt des Hauptverbes, z. B. *hai parlato, ha avuto, siete stati/state*.

Imperfekt	*-are*	*-ere*	*-ire*	*avere*	*essere*
du	*parlavi*	*vedevi*	*aprivi*	*avevi*	*eri*
Sie	*parlava*	*vedeva*	*apriva*	*aveva*	*era*
ihr, Sie	*parlavate*	*vedevate*	*aprivate*	*avevate*	*eravate*

Imperativ	*-are*	*-ere*	*-ire*	*avere*	*essere*
du****	*parla!*	*vedi!*	*apri!*	*abbi!*	*sii!*
Sie	*parli!*	*veda!*	*apra!*	*abbia!*	*sia!*
ihr, Sie	*parlate!*	*vedete!*	*aprite!*	*abbiate!*	*siate!*

**** verneinter Imperativ 2. Person Singular (du): *non* + Infinitiv: *non parlare*

Futur / Konditional	*-are*	*-ere*	*-ire*
du	*parler-ai /-esti*	*vedr-ai /-esti*	*aprir-ai /-esti*
Sie	*parler-à /-ebbe*	*vedr-à /-ebbe*	*aprir-à /-ebbe*
ihr, Sie	*parler-ete /-este*	*vedr-ete /-este*	*aprir-ete /-este*

Verbstamm *essere* = **sar**-*ebbe* / Verbstamm *avere* = **avr**-*esti*

Konjunktiv	*-are*	*-ere*	*-ire*	*avere*	*essere*
du	*parli*	*veda*	*apra*	*abbia*	*sia*
Sie	*parli*	*veda*	*apra*	*abbia*	*sia*
ihr, Sie	*parliate*	*vediate*	*apriate*	*abbiate*	*siate*